"一带一路" 营商环境法治保障系列

赵旭东　总主编

李建伟　朱晓娟　吴高臣　副总主编

U0657111

中国环境保护法律制度

崔桂台 主编　孔　静 副主编

中国民主法制出版社

图书在版编目(CIP)数据

中国环境保护法律制度/崔桂台主编.—北京:
中国民主法制出版社,2020.1
("一带一路"营商环境法治保障系列)
ISBN 978-7-5162-2158-7

Ⅰ.①中… Ⅱ.①崔… Ⅲ.①环境保护法—研究—中
国 Ⅳ.①D922.680.4

中国版本图书馆 CIP 数据核字(2019)第 297372 号

图书出品人:刘海涛
出 版 统 筹:乔先彪
责 任 编 辑:陈 曦 许泽荣

书名/中国环境保护法律制度
ZHONGGUOHUANJINGBAOHUFALÜZHIDU
作者/崔桂台 主 编
　　　孔 静 副主编

出版·发行/中国民主法制出版社
地址/北京市丰台区右安门外玉林里 7 号(100069)
电话/(010)63055259(总编室) 63057714(发行部)
传真/(010)63056975 63056983
http:// www.npcpub.com
E-mail:mzfz@ npcpub.com
经销/新华书店
开本/16 开 787 毫米×960 毫米
印张/10.75 字数/148 千字
版本/2020 年 1 月第 1 版 2020 年 1 月第 1 次印刷
印刷/北京天宇万达印刷有限公司

书号/ISBN 978-7-5162-2158 -7
定价/38.00 元
出版声明/版权所有,侵权必究

(如有缺页或倒装,本社负责退换)

《"一带一路"营商环境法治保障系列》
编 委 会

总 主 编： 赵旭东

副总主编： 李建伟 朱晓娟 吴高臣

成 员（按姓名拼音排序）：

陈钰蕾 崔桂台 高民权 高素丽

郭宏彬 胡利玲 孔 静 黎长志

李美云 林 珮 刘明晨 刘亚天

苏 东 王一焱 翟慧萍 张 晶

张 玲 张一强 赵 婧 甄亚兰

周 昀

◉ 总 序

习近平总书记在 2013 年提出建设"丝绸之路经济带"和"21 世纪海上丝绸之路"的构想，五年多来，在各参与方的共同努力下，"一带一路"倡议从理念转化为行动，从愿景转变为现实，构建起了各自优势互补、彼此互联互通的国际合作平台。

党的十九大报告指出，要以"一带一路"建设为重点，坚持"引进来"和"走出去"并重，加强创新能力开放合作，形成陆海内外联动、东西双向互济的开放格局。同时，党的十九大通过修改的党章明确指出：遵循共商共建共享原则，推进"一带一路"建设。推进"一带一路"建设写入党章，必将为新时代共建"一带一路"，共建人类命运共同体进一步指明方向，注入强劲动力。

随着我国"一带一路"建设的深入推进，营造互信互通的法治营商环境，为投资贸易合作方提供全面周到的法律支持，切实维护中外当事人的合法权益便提上了日程。因此，为了增进"一带一路"建设沿线各国的彼此沟通，积极建立成员方统一认知和公正高效的司法保障体系，切实保障"一带一路"建设成果的不断扩大，我们推出了《"一带一路"营商环境法治保障系列》图书。

本系列图书构建了"一带一路"法治保障服务体系，主要介绍了投资贸易、产业合作、公正司法、纠纷解决、劳工保护等领域的法律制度，从而以保护中外当事人合法权益，维护公平竞争、诚实守信、和谐共赢的区域合作大环境。本系列图书体例科学，通俗易懂，旨在加强中国与"一带一路"沿线国家的"政策沟通"和"法治互信"，通过向国际社会展示我国法律制度的建设成就，以此提升我国法律的国际影响力。

《"一带一路"营商环境法治保障系列》图书作为"一带一路"建设的法治保障参考适用读物，旨在为沿线各国加强法律制度的交流互鉴，旨在全面落实我国"一带一路"建设的任务要求，全面构建"一带一路"建设中的法治保障体系，以便全球共享"一带一路"的建设成果。

赵旭东[*]

2019 年 8 月

---

[*] 赵旭东，中国法学会商法学研究会会长，中国政法大学教授。

目　录

第一章

中国环境保护制度概述

【规则要点】

2014 年 4 月 24 日，全国人大常委会十二届八次会议修订通过的《中华人民共和国环境保护法》是中国在环境保护方面的新起点。当前，在深化生态文明体制改革、建设美丽中国的宏大背景之下，环境保护法治建设正在以全新的理念与前所未有的力度展开。

【理解与适用】

改革开放 30 多年来，中国在经济发展与社会建设上取得了举世瞩目的成就，但同时也付出了沉重的代价，环境污染以及对自然资源的破坏和不合理开发利用已成为中国实现可持续发展战略目标的瓶颈。为了在环境保护领域做到有法可依，中国自 20 世纪 70 年代末开始进行了一系列立法活动。到目前为止，中国已经形成了相对完善的以基本法为核心、部门法为基础和行政法规为补充的社会主义环境保护法律体系。

虽然中国已经建立了具有中国特色的社会主义环境保护法律体系，制定了污染防治、自然资源保护方面的基本法律制度，但由于中国仍然将长期处于社会主义初级发展阶段，发展经济和提高人民生活水平一直是我们所面临的长期任务，因此，在发展经济与环境保护之间长期以来存在着一定的矛盾，各种环境保护法律规章没有得到有效地遵守和实施，行政司法部门在环境保护的执法上困难重重。其结果是，在经济发展过程中往往忽视对生态环境、自然资源的保护和利用，造成了大气污染、水污染、噪声和固体废物加剧、森林减少、沙漠扩大、草场退化、水土流失、物种灭绝等一系列日趋严重的环境问题。因而，环境保护法治建设事业仍将面临着长期而艰巨的任务。

2014 年修订通过的《中华人民共和国环境保护法》第 2 条对环境的定义作了概括加列举式的解释："本法所称环境，是指影响人类生存和发展的各种天然的和经过人工改造的自然因素的总体，包括大气、水、海洋、土地、矿藏、森林、草原、湿地、野生生物、自然遗迹、人文遗迹、自然保护区、风景名胜区、城市和乡村等。"这一定义中包含着三个方面的寓意：第一，将环境的范畴限定在对人类生存与发展有影响的自然因素范围内，不包括社会、经济等其他因素；第二，这种自然因素既包括各种天然的环境，也包括经过人工改造的环境；第三，与自然因素融合的自然资源、历史遗迹与自然状态（如自然因素的复合体景观）也因其自然的本质而属于环境的范畴。

环境保护法的概念是伴随人们对环境问题认识的不断深化并逐渐完善形成的。由于各国环境立法的目的和保护对象不同，早期还有环境保护法、污染防治法、公害法、自然保护法、生态法等称谓。20 世纪 80 年代以后，伴随国际环境保护交流与合作的扩大，环境保护法被约定俗成地作为国内法和国际法中环境保护领域的部门法律的称谓。

环境保护法，是指以保护和改善环境、预防和治理人为环境损害为目的，调整人类环境利用关系的法律规范的总称。这一定义包含以下内涵：第一，环境保护法的目的是保护和改善人类赖以生存的环境，预防和治理人为环境损害；第二，环境保护法的调整对象是人类在从事环境利用行为过程中形成的环境利用关系；第三，环境保护法的范畴既包含直接确立环境利用行为准则的法律规范，也包括其他法律部门中有关环境保护的法律规范。应当注意的是，环境保护法的调整对象是人类的环境利用关系，所要控制的是可事前预见的人为原因导致的环境污染和自然破坏。而以预防事前不可预见、不能克服和不能避免的自然灾害为目的，或者以自然灾害之后实施环境恢复或者重建等为目的的法律规范，理论上都不属于环境保护法的范畴。

目前的环境基本法是 2014 年修订的环境保护法。环境保护法的目的有二：一是保护和改善环境，防治污染和其他公害，这是基础的、直接的目的；二是保障公众健康，推进生态文明建设，促进经济社会可持续发展，这是最终的发展目的。

　　从制定法的角度看，环境保护法的渊源包括国内法和国际法两大部分。国内法渊源包括：宪法、法律、行政法规、地方性法规或规章、国务院部门规章以及对法的适用具有普遍意义的有权解释。一般认为，环境保护法的国际法渊源包括条约、习惯等。依照中国法律关于国际条约适用的规定，中华人民共和国已缔结或者参加的国际公约与国内法律有不同规定的，适用国际公约的规定。但中华人民共和国声明保留的条款除外。中华人民共和国法律和中华人民共和国缔结或者参加的国际条约没有规定的，可以适用国际惯例。

【法条指引】

中华人民共和国环境保护法（节录）

　　第一条　为保护和改善环境，防治污染和其他公害，保障公众健康，推进生态文明建设，促进经济社会可持续发展，制定本法。

第二章

环境保护法的基本原则

第一节　基本原则概述

【规则要点】

环境保护法的基本原则是人类在一定时期，在环境问题以及对环境问题及其解决方法的认识基础上形成的，它们是生态规律、人类环境观、环境经济原理的基本要求等支撑环境保护法的知识背景与知识内核在环境立法上的反映，是正确认识环境保护法性质的关键所在，也是准确理解、执行、适用环境保护法律规范的"钥匙"。

环境保护法确立的基本原则有保护优先原则、预防为主原则、综合治理原则、公众参与原则、损害担责原则。

【理解与适用】

环境问题是中国社会近年来最关注的重点和热点，也是引发社会矛盾和冲突的焦点之一。面对纷繁的环境现象与事件，面对历历在目的环境污染与生态破坏后果，法律应以怎样的视角、从怎样的逻辑起点来观察、分析并解决这些问题？毫无疑问，欲将人们的行为纳入环境保护法的调整范围，建立正当的环境保护法律秩序，必须首先确立一些基本的判断标准，这种基本标准就是我们通常所说的环境保护法基本原则——凝练环境保护法的基本精神、阐明环境保护法治的基本理念。

在具体的立法实践中，由于各国具体国情、法律结构、经济发展水平的不同，对基本原则会有所取舍或侧重。从环境保护法独有的特征与品性出发，以现行立法为参考，我们将贯穿于整个环境保护法的理念与制度，最能反映出环境保护法自身特质的基本原则概括为：保护优先原则、预防为主原则、综合治理原则、公众参与原则、损害担责原则。

第二节　保护优先原则

【规则要点】

保护优先原则，是指在对待经济社会发展和环境保护之间的关系上，应当坚持环境保护的优先性，即在经济社会发展过程中，当环境保护与经济社会发展出现冲突时，应将环境保护目标作为优先选择。

【理解与适用】

一、保护优先原则的含义

党的十九大报告中提出，建设生态文明是中华民族永续发展的千年大计。必须坚持节约优先、保护优先、自然恢复为主的方针，形成节约资源和保护环境的空间格局、产业结构、生产方式、生活方式，还自然以宁静、和谐、美丽。保护优先不仅仅是生态文明建设的基本方针，更是环境保护法的基本原则和根本宗旨。

保护优先，就是要不断加大环境保护力度，转变发展理念，正确处理发展与保护的关系，把环保放在更加突出的位置。不仅要末端治理，还要源头控制；不仅要偿还旧账，还要不欠新账。以解决损害群众健康突出环境问题为重点，强化水、大气、土壤等污染防治，减少污染物排放，防范环境风险，明显改善环境质量。目前，中国环境污染问题突出，环境状况总体恶化趋势尚未得到根本扭转，环境资源对经济发展和民生改善的制约作用增强。因此，必须牢固树立保护环境的观念，切实把环境保护放在优先位置，增强全社会环境保护意识，彻底改变以牺牲环境、破坏资源为代价的粗放型增长模式，不以牺牲环境为代价去换取一时的经济增长，不跌入"先污染后治理"的陷阱，着力加强环境监管，健全生态环境保护责任追究制度和环境损害赔偿制度，严格实施主要污染物排放总量控制，强化污染物治理，全面推行清洁生产，推动环境质量不断改善。

二、保护优先原则的地位

保护优先原则意味着环境保护相对于经济社会发展的优先，等同于环境保护优先或者环境优先。也就是说，坚持保护优先，并不是不要经济发展，而是为了"高质量"的发展，为了切实实现经济社会的可持续发展。只有真正贯彻落实好保护优先，才能真正加快发展方式转变。同时，谁先贯彻落实好保护优先，谁就能占据新一轮发展的制高点。因此，就法律地位而言，保护优先原则在连接环境保护法立法目的与制度设计中起核心作用，是预防为主、综合治理、公众参与和损害担责原则的上位原则，这些原则关系到保护优先原则的实现方式、途径以及最终可能的实现程度。可以说，保护优先原则是环境保护法基本原则中最为基础的准则。

三、保护优先原则的实现

实现保护优先原则，关键在于正确认识环境保护与经济发展的关系，实现环境与发展的综合决策。将环境与发展对立起来或将它们看作两个相互独立的问题，并不能真正地解决已经出现的严重的环境问题，为保护环境而限制发展或者为发展而牺牲环境都可能引发更多更大的环境问题，也与现代环境保护的精神背道而驰。因此，只有在可持续发展观指导下，将环境与发展综合起来进行考量，才是贯彻实施保护优先原则唯一正确的选择。

所谓环境与发展综合决策，是指在决策过程中对环境、经济和社会发展进行统筹兼顾，综合平衡，科学抉择。也就是说，从决策开始就要在环境、经济、社会之间寻找最佳结合点，使三者尽可能协调、协同，实现经济发展、社会进步和环境改善。

【法条指引】

中华人民共和国环境保护法（节录）

第五条　环境保护坚持保护优先、预防为主、综合治理、公众参与、

损害担责的原则。

第三节 预防为主原则

【规则要点】

预防为主原则，是指应当采取各种预防措施，防止在开发和建设活动中产生环境污染和破坏。

【理解与适用】

一、预防为主原则的含义

预防为主原则的基本要求是积极预防环境污染和破坏，即运用已有的知识和经验，对开发和利用环境行为可能带来的环境危害事前采取措施以避免危害的产生。同时，在不确定的条件下，应当谨慎采取行动以避免环境风险。

中国一直都将"预防为主、防治结合"作为环境保护法的基本原则。预防为主意味着"将环境保护的重点放在事前防止环境污染和自然破坏上，同时也要积极治理和恢复现有的环境污染和自然破坏，以保护生态系统的安全和人类的健康及其财产"。在某种意义上说，"预防"是环境保护法律及其制度所具有的最大特点所在。

目前，备受国际社会关注的臭氧层破坏、全球变暖、生物多样性减少等现代环境问题不同于传统环境问题的一个重要特征，就是存在太多科学上不能确定的因素，这是人类科学认识的局限。在这种情况下，如果仍然持观望和等待的态度，直到科学能确切地证明环境危害的因果关系后才采取措施，恐怕就于事无补了。在这里，最为关键的其实不是采取预防措施的必要性，而是采取预防措施的时间。因此，即使没有充分的科学证据，只要有造成严重或不可逆转环境损害的威胁存在，就必须采取防范措施。毕竟，在面对环境问题和环境危险时，安全比后悔要好。因此，有必要将预防为主原则的内涵加以拓展，在预防现实、确定的环境风险的同时，更注重对未来可能的环境风险的防范。

2014 年修订的环境保护法已经在一定程度上体现了风险预防的理念。该法中首次出现了"风险"概念，确立了国家针对环境与健康问题的风险预防义务，是中国环境立法的一大进步，是中国环境保护法确立风险预防原则的良好开端。

二、预防为主原则的实现

（一）全面规划和合理布局

规划是有效实现预防的根本和前提。全面规划就是对工业和农业、城市和乡村、生产和生活、经济发展和环境保护等各方面的关系通盘考虑，根据生态空间的自然资源承载能力确定发展规模和速度，进而制定国土利用规划、区域规划、城市规划与环境规划，使得各项事业得以协调发展并不破坏生态平衡。

合理的工业布局应注意：

（1）适当利用自然环境的自净能力；

（2）加强资源和能源的综合利用；

（3）大型项目的分布与选址，尽可能减少对周围环境的不良影响；

（4）严禁污染型工业建在居民稠密区、城市上风向、水源保护区、名胜古迹和风景游览区、自然保护区。

2014 年环境保护法对此进行了专门规定。根据该法规定，县级以上人民政府应当将环境保护工作纳入国民经济和社会发展规划。国务院环境保护主管部门会同有关部门，根据国民经济和社会发展规划编制国家环境保护规划，报国务院批准并公布实施。县级以上地方人民政府环境保护主管部门会同有关部门，根据国家环境保护规划的要求，编制本行政区域的环境保护规划，报同级人民政府批准并公布实施。环境保护规划的内容应当包括生态保护和污染防治的目标、任务、保障措施等，并与主体功能区规划、土地利用总体规划和城乡规划等相衔接。这为预防为主原则的实现提供了基础性保障。

（二）建立健全预防性的环境保护法律制度

制定和实施具有预防性的环境资源管理制度和法律制度，强化环境资源的监督管理，加强环境监测，严格控制新的环境资源污染和破坏的出现，对已经造成的环境资源的污染和破坏要积极进行治理。有害物质的排放，必须遵守国家和地方规定的标准，严禁超标排放。进一步加强城市和农村的环境综合整治。进一步健全和改进环境影响评价制度、排污申报登记制度、排污许可证制度、现场检查制度、限期治理制度、建设项目环境管理制度、污染物总量控制制度、污染集中治理制度、综合利用制度等各种防治环境污染和环境破坏的法律法规和管理制度。

（三）加强环境科学技术研究，提高环境科学技术水平

现代环境问题的解决，特别是环境污染的预防与治理，在根本上取决于环境科学技术水平。中国目前的环境污染和环境破坏比较严重。但由于各种原因，特别是环境科学技术水平的限制，所采取的预防和治理措施并没有取得预想的效果。因此，为了达到预防和治理环境污染与保护环境和资源的目的，必须大力加强环境科学技术的研究，提高环境科学技术水平。同时，要密切关注国际上有关的先进技术信息和经验，及时、积极地给予采纳。

【法条指引】

中华人民共和国环境保护法（节录）

第五条　环境保护坚持保护优先、预防为主、综合治理、公众参与、损害担责的原则。

第三十九条　国家建立、健全环境与健康监测、调查和风险评估制度；鼓励和组织开展环境质量对公众健康影响的研究，采取措施预防和控制与环境污染有关的疾病。

第四节　综合治理原则

【规则要点】

综合治理原则，是指针对已经造成的环境污染和破坏，综合采取多种措施防止损失的扩大，同时运用技术手段治理污染、恢复生态，将对环境

的影响降到最低限度。

【理解与适用】

一、综合治理原则的含义

综合治理原则主要通过环境治理制度实现，即对于已有的环境污染和破坏要予以积极治理，并注意运用各种手段进行综合整治，针对区域性环境污染和破坏采取重新规划、限制排污、清除污染、恢复生态等各种措施以改善环境质量。

环境保护法第5条所规定的"预防为主、综合治理"是一项统一的环境保护法基本原则。需要注意的是，"预防为主"和"综合治理"两者尽管具有内在联系，但还是应当作一定的区分。预防为主、采取事先防范措施固然是应对环境污染和破坏的理想方式，但从目前的环境问题现状来看，仅有预防远远不够，还必须在治理上下工夫：一方面，环境污染和破坏已经十分严重，而且在局部地区有些环境要素方面还有继续发展的趋势，即便现在采取治理措施，也可能还会在高污染区域持续相当长时期；另一方面，预防措施毕竟是对未来的预测，由于人类理性的有限性和科学技术的局限性，总有失效的可能，对于预防措施的失败，也必须及时采取治理措施加以补救。因此，不能忽视环境治理。在预防新的环境污染和破坏的同时，根据既成环境污染和破坏的具体情况及自然规律，改变单纯治理的思路，采取综合整治措施，从预防和治理两个方面发力才能更好地解决环境问题，实现环境公共利益。

二、综合治理原则的实现

（一）建立严格的环境保护责任制度

这是贯彻综合治理的基础和前提。环境保护责任制度以环境保护法律规定为依据，把环境保护工作纳入计划，以责任制为核心，以签订合同的形式，规定企业在环境保护方面的具体权利和义务的法律责任。

这一制度包括排污者的环境污染防范义务、排污单位负责人的责任、重点排污单位的环境污染监测义务、严禁逃避监管的行为、缴纳排污费五个方面的内容。其具体包括：

1. 向环境中排放污染物的企业事业单位，以及个体工商户等其他生产经营者，应当提前或者及时采取有效的措施，防治生产建设或者其他活动中产生的废气、废水、废渣、医疗废物、粉尘、恶臭气体、光辐射、放射性物质以及噪声、震动、电磁辐射造成环境污染。

2. 向环境中排放污染物的企业事业单位，要将环境保护纳入单位发展计划，制定明确的环境保护任务和指标，明确单位环境保护负责人和相关人员，明确排污单位的权利和义务、负责人的权利和义务，落实到生产管理、技术管理等各个方面和环节，并建立考核和奖惩制度。

3. 列入重点排污名录的单位向环境中排放污染物，必须安装符合规定和监测规范的监测设备，并应该确保监测设备能够正常工作，监测所获得的原始监测数据要妥善保存以备查。

4. 禁止通过私铺暗管、私打渗井、私挖渗坑、偷偷灌注，私自篡改或伪造数据，以及不正常防治污染设施等逃避监管的方式，并禁止排污单位通过上述行为将排放的污染物排放到地下水体、地表水体，或者将污染物掩埋、深埋到地下，或者篡改、伪造排污数据等以逃避排污责任。

5. 排放污染物的企业事业单位和其他生产经营者，应当按照国家有关规定缴纳排污费。征收的超标准排污费必须用于污染的防治，不得挪作他用。

（二）保障、促进科学技术的研究、开发与应用

这是贯彻综合治理的技术基础。科学技术是解决环境问题的关键因素，发展环境保护科学技术是保护环境必须依赖的途径。科学技术的发展要依靠社会的力量，科学的制度设计可以推进科技发展和进步，目前专利等法律制度即发挥这方面的作用。由于环境保护目标的公共性，在环境保护科学技术领域仅依靠一般的科技法律制度不足以达到提高环境保护科学技术水平的目标，进而需要国家的特别政策支持，这也是多数国家支持环境保护工作的通行做法。因此，环境保护法第7条专门规定："国家支持环境保护科学技术研究、开发和应用，鼓励环境保护产业发展，促进环境保护信息化建设，提高环境保护科学技术水平。"这一规定确立了环境保护科技发展的国家支持制度，明确了提高环境保护科学技术水平的总目标以及实现这一目标的途径和措施，为深入贯彻实施综合治理原则提供了科技支撑。

（三）政府财政支持制度

这是贯彻综合治理的保障。环境保护作为一项公共事业，除了通过追究开发者、污染者责任、要求消费者承担环境保护义务来推进之外，仍需要政府做大量工作，依法完善环境保护制度规范、出台和实施环境保护政策措施都是政府应当履行的职责。投入财政资金、推进环境保护工作是政府履行环境保护职责的直接途径，法定的环境整治义务、环境质量改善义务以及建立和管理自然保护区、管理和养护特殊生态区域等都是政府履行环境保护职责的具体方式，也都需要财政资金的投入。

财政支持制度具体分为两个层次：

首先是通过法律明确各级人民政府加大环境保护财政投入的义务，投入的范围包括各类污染治理工程和计划、重点区域的环境整治、特定区域的生态恢复、环境保护的经费补贴等。

其次是政府要对财政资金的使用效益负责，要采取各种措施保证财政投入的环境治理效果、获取最大的环境收益，避免低效投资和浪费。效益主要体现为环境整治效果、环境质量改善、生态环境恢复、环境损害减少等方面。

（四）经济激励制度

这是贯彻实施综合治理原则的重要保障。经济刺激是利用市场机制、激发环境保护主体内在动力的方法，尽管其中政府的调控和干预色彩依然很重但已不再仰仗直接的命令和控制模式，转而采用间接的刺激和诱导。这样，可以在一定程度上改变"企业污染—政府买单"的被动局面，发挥企业、社会参与环境保护的积极性、主动性。当前，在很多国家，特别是在发展中国家，命令控制型环境政策仍然是环境管理的主要手段，但是命令控制型政策需要庞大的执行队伍和高额的执行成本。为降低环境政策的执行成本，同时获得理想的环境效果，许多国家在环境管理实践中，更加注重运用以市场为基础的经济手段，形成了一系列有利于环境保护的经济政策和手段，也取得了良好效果。

【法条指引】

中华人民共和国环境保护法（节录）

第五条 环境保护坚持保护优先、预防为主、综合治理、公众参与、

损害担责的原则。

第二十一条　国家采取财政、税收、价格、政府采购等方面的政策和措施，鼓励和支持环境保护技术装备、资源综合利用和环境服务等环境保护产业的发展。

第五节　公众参与原则

【规则要点】

公众参与原则，也称为"环境民主"原则，是指在环境保护领域，公众有通过一定程序或者途径参与一切与环境利益有关的决策活动，使得该项决策符合广大公众的切身利益。

【理解与适用】

一、公众参与原则的含义

由于环境问题的复杂性，任何对环境产生影响的活动都可能具有"牵一发而动全身"的效果，只有生活在那个环境中的人知道他们最想要什么，因此，应该听取他们的意见。同时，由于获取环境信息的成本高昂，政府管理人员很难了解所有的相关信息，仅仅依靠政府的力量难以完成环境保护的艰巨任务。所谓"兼听则明，偏信则暗"，实行公众参与，可以广泛吸纳公众的意见，尽可能收集相关信息，有利于动员全社会的力量，充分发挥公众的积极性、主动性和创造性来参与环境资源保护工作，并且将环境保护置于公众监督之下，以取得较好的效果。

二、公众参与原则的法制保障

公众参与机制于20世纪90年代引入，1993年，原国家计委、原国家环保局、原财政部、中国人民银行联合发布了《关于加强国际金融组织贷款建设项目环境影响评价管理工作的通知》，该通知明确指出："公众参与是环境影响评价的重要组成部分"。《中华人民共和国环境影响评价法》首次在环境立法中规定了公众参与条款，标志着公众参与得到立法的认可。2006 年 2 月，原国家环境保护总局颁布《环境影响评价公众参与暂行办法》，对公众参与环境评价的原则、范围形式作了明确规定。2007 年 4 月，原国家环境保护总局颁布《环境信息公开办法（试行）》。这是中国第一部有关信息公开的规范性文件。在环境保护实践中，公众参与也得到了迅速的发展，在修建青岛音乐广场、制止水洗孔庙、泰山建索道、张家界建观光电梯、怒江和都江堰修建大坝等重大事件中都可以看到公众参与的影响和作用。

公众参与原则的形成是环境立法不断重视和体现的结果。2014 年修订通过的环境保护法专设第五章"信息公开和公众参与"，将曾经分散在相关法律法规中的环境信息公开和公众参与规定予以集中，建立了相对完整的公众参与制度：明确宣示公民的环境知情权（第 53 条第 1 款）；政府环境信息公开范围的具体化（第 54 条第 1 款、第 2 款）；建立环境违法企业的"黑名单"并予以公开（第 54 条第 3 款）；企业环境信息公开的法定义务（第 55 条）；建设项目的环境影响评价报告书全文公开，并对其公众参与情况进行监督检查（第 56 条第 2 款）。为进一步贯彻实施信息公开与公众参与的规定，2014 年 12 月，原环保部发布了《企业事业单位环境信息公开办法》，为维护公民、法人和其他组织依法享有获取环境信息的权利，促进企业事业单位如实向社会公开环境信息、推动公众参与和监督环境保护进行了具体规定；2015 年 7 月，原环保部发布了《环境保护公众参与办法》，为保障公民、法人和其他组织获取环境信息、参与和监督环境保护的权利，畅通参与渠道，促进环境保护公众参与依法有序发展提供了更为详细的法律依据。2015 年 8 月修订的《中华人民共和国大气污染防治法》也增加了公众参与的内容。

尽管取得了较大进步，尤其是《企业事业单位环境信息公开办法》和《环境保护公众参与办法》的规定已经较为全面和具体，但从总体上看，公众参与仍然落后于发达国家，各单项环境立法中对公众参与原则的贯彻有待提高。

三、公众参与原则的实现

公众参与原则的有效实现，需要从建立完善的保障公众参与的制度入手。现实生活中，公众参与有两种形式：制度内参与和制度外参与。前者指陈情、请愿、听证、提意见等；后者指静坐、抗议、堵厂及各种暴力行为等。从根本上说，需要将公民制度外参与引导至制度内参与，对公众的行为进行因势利导，赋予公众参与政府环境决策的权利。广泛而有效的公众参与是推动环境保护与可持续发展的根本力量与核心着力点，其不仅可以构成对环境违法以及环境执法中"权力寻租"的遏制性力量，也是促进环境决策合理化、科学化的建设性力量。具体而言，要在实践中贯彻、落实公众参与，以下方面不可或缺：

（一）确立公众参与的权利基础

通过宪法和环境保护基本法确立公民环境权，是实现民主和公众参与的最具有决定性的因素。从宪法法律相关条款看，公民所享有的环境权，包括公民在有关环境事务方面的知情权（了解获取环境信息的权利）以及参与环境事务的讨论权、建议权等具体权利。

（二）制定公众参与的专门法律

在宪法和环境基本法确立公民环境权的基础上，还应该有专门的法律或法规规定公众参与，以使公众参与原则具体化。专门立法至少应做到：（1）充分保障公民知情权。依据环境保护法的规定，各级政府和相关企业应当定期向公众发布环境信息，保证公众环境知情权的实现。（2）建立公众参与决策制度。政府对某一环境资源问题或事务在作出决定或制定规章前，应主动向公众征求意见，听取公众的反映作为决策的参考，同时鼓励和保障公众对环境资源问题或事务自由发表意见。（3）推动、完善公众参与环境影响评价等环境管理活动。公众参与已成为环境影响评价制度的一个重要环节和特点。各国在这方面都有许多成功经验，中国应充分借鉴。

（三）扩大和保障环境诉讼机制

环境诉讼是公众参与环境管理的重要方式，特别是当政府机关不履行环境立法规定的职责或从事违法行政行为时，提起诉讼往往比批评、建议、申诉、抗议等更为有力。实践表明，政府环境管理部门及其工作人员可能因屈从于某种压力、诱惑、私利或偏见而实施不当、违法的行为，这时如果没有公众以第三者的名义加以抵制，违法行为难以制止。同时，2014 年修订通过的环境保护法所确立的环境公益诉讼制度应得到进一步加强，这不仅是对环境公益的维护，更是公众参与原则在司法领域的体现，从司法的角度保证公众参与原则的贯彻与实施。

（四）促进、发展民间环境保护社会团体

把公众组织起来，成立民间环境保护团体，开展环境保护宣传、学术交流、环境保护科技成果推广等活动，将有效地提高全民族的环境意识，并为政府在决策方面提供参考意见。目前，许多国家的法律都规定公民有权依法成立旨在保护环境的社会团体，其实践已经证明，民间环境保护团体可以在保护环境资源、促使环境问题的解决、监督政府依法行政等方面发挥不可替代的积极作用。因此，推动、发展民间环境保护社会团体，是实现公众参与原则的组织保证和社会基础。

（五）完善程序保障机制

公众参与的真正目的是建立一种程序性机制，以确保国家的环境政策、环境目标与公众参与结合起来，共同注入政府所采取的行动中去。只有在公平合理的法律程序中，那些利益受到程序结果直接影响的人才能得到基本的公正对待。只有将法律程序本身的正当性、合理性视为与实体结果的公正性具有同等重要意义的价值，才能在法律实施过程中符合正义的基本诉求。在一定意义上，程序的平等性就是参与的平等性。程序只是为了参与者可预知及理性而设立，而可预知及理性显然有助于保护当事人的自尊心。因此，只有让公众充分参与到政府决策程序，才能真正实现公众参与；也只有让公众享有充分的决策权，才能增加公众对于政府决策的认知和接受，使政府的权威得到加强。

【法条指引】

中华人民共和国环境保护法（节录）

第五条　环境保护坚持保护优先、预防为主、综合治理、公众参与、损害担责的原则。

第五十三条　公民、法人和其他组织依法享有获取环境信息、参与和监督环境保护的权利。

各级人民政府环境保护主管部门和其他负有环境保护监督管理职责的部门，应当依法公开环境信息、完善公众参与程序，为公民、法人和其他组织参与和监督环境保护提供便利。

第六节　损害担责原则

【规则要点】

损害担责原则，是指在生产和其他活动中造成环境污染和破坏、损害他人权益或者公共利益的主体，应承担赔偿损害、治理污染、恢复生态的责任。概言之，由于环境污染和生态破坏而产生的法律责任，应在国家、企业和个人之间进行公平的分配。

【理解与适用】

尽管"污染者负担原则"明确了环境污染者所承担的环境责任，但其未将生态破坏者的责任承担问题纳入，因而不够全面。同时，"污染者负担原则"也无法解决污染者无法确定时的治理费用承担问题。因此，根据可持续发展的要求，应在"污染者负担原则"的基础上，进一步实现环境责任的公平承担。环境保护法确立了损害担责原则，具体包括以下内容：

一、污染者负担

污染者负担，是指对环境造成污染的单位或个人必须按照法律的规定，采取有效措施对污染源和被污染的环境进行治理，并赔偿或补偿因此而造成的损失。"污染者负担"与民法中"欠债还钱"、刑法中"杀人偿命"等朴素的法律观念一样，主要追究肇事者的责任，即谁污染了环境谁就应当承担赔偿责任。空气、河流、海洋和土地等环境要素并非属于某些私人或组织的财产，而是关系到全体社会成员福利的公共财产，这些公共财富被少数人的生产行为所侵害，使得环境污染和破坏日益严重。从经济学的角度来看，生产经营活动所造成的污染属于经营成本，倘若经营者不承担这种成本而由国家和社会用全体纳税人缴纳的税款来负担，那么受害的全体社会成员承担了少数企业对环境的损害后果，无疑是损公肥私，严重违背了法律的公平精神。污染者负担主要对已经发生的污染起作用，属于事后消极补偿。

另外，在造成污染的多种因素中，可能出现每个单一的排污行为在中国现阶段大多合法，很难确定到底谁是污染者的情形。为此，就那些对某一污染负有共同危险责任的行为人，不论其主观上是否有过错，也不论各行为人之间有无意思联络，只要与侵害的发生有直接和间接的因果关系，各行为人就应当共同承担赔偿责任或合理负担治理费用。

同时，污染者负担作为国家保护环境的一种手段，还通过征收排污费或环境保护税等形式，促使行为人减少环境污染。

二、开发者养护

开发者养护，是指开发利用环境资源者，不仅有依法开发自然资源的权利，同时还负有保护环境资源的义务。这一原则体现了"开发利用与保护增殖并重"的方针：对于可更新资源，应当在不断增殖其再生能力的前提下持续使用；对于不可更新资源，应当节约利用、综合利用。开发利用环境资源的单位和个人，不仅有开发利用的权利，还负有养护的义务。中国目前的环境现状下，人均资源占有量很低，而且自然环境的破坏十分严重，在法律上明确科学开发利用自然资源、抑制生态破坏具有重要意义，同时还可以促进自然资源的节约使用和合理利用，提高经济效益和环境效益。在开发利用自然资源时应采取积极措施，养护、更新、增殖、节约和综合利用自然资源；在具有代表性的各种类型的自然生态系统区域内建立自然保护区，保护区内不得建设污染和破坏环境的设施，不得贬损整体环境在精神上的美观舒适愉悦度；对已经受到污染和破坏的环境进行恢复和整治。例如：《中华人民共和国渔业法》针对渔业资源的增殖和保护作出了专门规定。

三、受益者补偿

受益者补偿，主要包含两个方面的内容：（1）针对以环境资源的利用而营利的单位或个人，即利用环境资源的单位或个人必须承担经济补偿责任。（2）针对使用、消耗自然资源或对环境有污染作用的产品的消费者，他们的消费活动如果消耗自然资源或对环境有污染作用，也必须承担经济补偿责任。须注意的是，随着环境保护的概念从污染防治扩大到自然保护和物质消费领域，利用、消耗环境资源的主体范围不断拓展，环节也不断增加。从实际支付费用的主体来看，从原材料的加工、生产到流通、消费、废弃以及再生等各个环节都存在分担费用的现象。因此，只要是从环境或资源的开发、利用过程中获得实际利益者，都应当就环境和自然资源价值的减少付出应有的补偿费用。环境保护中的利用与补偿虽是一种财产关系，但不能等同于普通的民事买卖关系。补偿不仅是对已利用的资源要有金钱上的对价，而且更重要的是利用者应对其已利用的环境资源可再生或开发替代所应付出的劳动予以补偿，对所耗用的自然资源、占用的环境容量和恢复生态平衡予以补偿。

四、破坏者恢复

破坏者恢复，亦称"谁破坏，谁恢复"，指造成生态环境和资源破坏的单位和个人必须承担将受到破坏的环境资源予以恢复和整治的法律责任。在环境保护单行法中，这一原则也有充分的体现。例如，《中华人民共和国海岛保护法》第25条第2款规定："进行工程建设造成生态破坏的，应当负责修复；无力修复的，由县级以上人民政府责令停止建设，并可以指定有关部门组织修复，修复费用由造成生态破坏的单位、个人承担。"《中华人民共和国草原法》等法律法规中有关破坏者恢复的规定都是这项原则的具体表现。

值得注意的是，2015年12月，中共中央办公厅、国务院办公厅印发《生态环境损害赔偿制度改革试点方案》，要求各地区各部门通过试点逐步明确生态环境损害赔偿范围、责任主体、索赔主体和损害赔偿解决途径等，形成相应的鉴定评估管理与技术体系、资金保障及运行机制，探索建立生态环境损害的修复和赔偿制度，加快推进生态文明建设。这为损害担责原则的具体落实与发展提供了新的机遇。

【风险提示】

造成环境污染或破坏的人即使付费，也不能免除其生态恢复和环境整治的责任。

【法条指引】

中华人民共和国环境保护法（节录）

第五条 环境保护坚持保护优先、预防为主、综合治理、公众参与、

损害担责的原则。

第六十四条 因污染环境和破坏生态造成损害的，应当依照《中华人民共和国侵权责任法》的有关规定承担侵权责任。

中华人民共和国森林法（节录）

第六十一条 采伐林木的组织和个人应当按照有关规定完成更新造林。更新造林的面积不得少于采伐的面积，更新造林应当达到相关技术规程规定的标准。

中华人民共和国水土保持法（节录）

第五十六条 违反本法规定，开办生产建设项目或者从事其他生产建设活动造成水土流失，不进行治理的，由县级以上人民政府水行政主管部门责令限期治理；逾期仍不治理的，县级以上人民政府水行政主管部门可以指定有治理能力的单位代为治理，所需费用由违法行为人承担。

中华人民共和国矿产资源法（节录）

第三十二条 开采矿产资源，必须遵守有关环境保护的法律规定，防止污染环境。

开采矿产资源，应当节约用地。耕地、草原、林地因采矿受到破坏的，矿山企业应当因地制宜地采取复垦利用、植树种草或者其他利用措施。

开采矿产资源给他人生产、生活造成损失的，应当负责赔偿，并采取必要的补救措施。

第三章

环境保护法基本制度

第一节 概 述

【规则要点】

环境保护法基本制度是根据环境保护的任务和目的，以环境保护法基本原则为指导而建立的具有重要作用的法律制度，是由环境保护法律规范组成的相互配合、相互联系的特定体系。

【理解与适用】

环境权为国家承担环境保护职责、实施环境管理提供了合法性基础，也是建立环境保护法基本制度的基本依据。在结构上，它是由调整环境社会关系的环境保护法律规范构成的具体的环境保护法律制度，是国家为调整环境社会关系而创设的以国家强制力保障实施的环境保护法律规范体系。在内容上它是以环境管理权赋予和行使为核心，调整在环境保护监管过程中形成的环境社会关系。环境保护法基本制度是一切从事自然资源开发和利用环境的公民、法人和其他组织都必须严格遵守的法律制度。确立环境保护法基本制度对环境保护法律秩序的建立和维护具有重要意义，对具体的环境保护工作具有指导作用和基石效用。

环境保护法基本制度规定了环境管理主体在特定领域的行为模式及法律后果，其基础是环境保护法律关系中的权利与义务、权力与职责，是对这些权利义务、职责权限的具体化和系统化，是环境管理行为的依据和出发点。环境保护法基本制度是环境管理职能在环境保护法上的具体体现，一切从事自然环境开发和利用的公民、法人和其他组织都必须严格遵守环境保护法基本规范，违反了这些规范，将承担不利的法律后果。

到目前为止，中国已经建立起了比较完备的环境保护法基本制度体系，包括环境监督管理制度、保护和改善环境制度、防治污染和其他公害制度三大类环境保护法基本制度，这些制度主要由环境保护法加以规定，在相关单行法中也有具体体现。

第二节　环境监督管理制度

【规则要点】

环境监督管理制度是根据特定的任务和目的，以环境保护法基本原则为指导建立起来的具有重要作用的法律制度，是上升为法律规范的环境监督管理的行政、经济、技术措施及手段，违反这些制度，行为人要承担相应的法律责任。

【理解与适用】

根据环境保护法和相关法律的规定，环境监督管理制度主要包括环境规划制度、环境影响评价制度、环境标准制度、环境监测制度。国家承担积极的改善环境质量的义务，是环境权的内在要求。世界各国的环境保护经验表明，建立完善的环境监督管理制度是国家承担环境保护责任最为基础和有效的手段之一。中国的环境监督管理制度是将国家层面的环境监管任务依法分解到地方层面加以实施，实行国家与地方双重负责，以行政区域或者自然区域管理为核心进行环境监管，地方政府对辖区内的环境质量负责。

一、环境规划制度

（一）环境规划制度的含义

环境规划制度，是指环境规划工作的法定化、制度化，是通过立法形成的关于环境规划工作的基本制度。环境规划是对环境保护工作的总体部署和行动方案，也是对一定时间内环境保护目标、基本任务和措施的规定。通过规划对环境资源的开发利用和保护进行事前安排，决定环境资源可利用总量，是实施总量控制的基础，能更好地确定环境与发展之间的平衡点。世界各国在寻求协调环境与发展的合理战略中，规划制度是其中的重要措施。

现行环境保护规划类型众多，仅涉及空间资源的利用就有城乡规划、土地利用总体规划、环境规划等多项规划。为实现规划的最大效益，必须提高各种规划之间的相互协调性，改革规划体制，建立起统一衔接、功能互补、相互协调的空间规划体系奠定基础。为此，在《中共中央、国务院关于加快推进生态文明建设的意见》等政策和法律中提出健全空间规划体系，推动经济社会发展、城乡、土地利用、生态环境保护等规划"多规合一"，优化国土空间开发格局，科学合理布局和整治生产、生活、生态空间。目前，全国已有 20 多个市县开展"多规合一"试点工作。

"多规合一"，是指以国民经济和社会发展规划为依据，打破条块分割和部门局限，加强衔接，将国民经济和社会发展规划、城乡规划、土地利用规划、环境规划等多个规划融合到一个区域上，确保"多规"确定的保护性空间、开发边界、城市规模、环境容量等重要空间参数一致，并在统一的空间信息平台上建立控制线体系，以实现优化空间布局、有效配置各种资源、提高政府空间管控水平和治理能力的目标，解决现有各类规划自成体系、内容冲突、缺乏衔接等问题。

"多规合一"的目的是促进空间治理转型，优化空间结构，实现空间发展。"多规合一"的重点在于用地标准的建立、指标体系的统一、空间管控的一致，以实现功能优化、布局协同。"多规合一"的核心在于明晰管理职责，按照空间战略布局整合各类规划的空间冲突，反映城市转型、产业转型和社会转型的新要求，划定城市开发边界和生态红线，实现从无序扩张向限定边界转变。

（二）环境规划的编制和实施

国家环境保护规划是全国环境保护工作的基础。国务院环境保护主管部门会同有关部门依法行使国家环境保护规划的编制权，根据国民经济和社会发展规划编制国家环境保护规划及区域环境保护规划，且环境保护规

划的内容必须与主体功能区规划、土地利用总体规划和城乡规划等相衔
接。国务院依法行使国家环境保护规划的批准权。地方环境保护规划是县
级以上人民政府对本行政区域内环境保护工作的总体部署，它根据国家环
境保护规划的要求制定并由同级人民政府批准并公布。环境规划具有法律
效力，各级人民政府应当认真组织实施，并将其实施状况纳入地方政府环
境保护目标责任制考核内容，层层建立环境目标责任制。

环境规划的编制要遵循"多规合一"要求，按照"统一标准""一致
流程""一套规章""职责明确"的要求，构建协作、均衡、稳定、和谐
的规划管理体系。环境规划的编制要有科学依据，要以生态承载力为基
础。生态承载力有两层基本含义：（1）生态系统的自我维持与自我调节能
力，以及资源与环境子系统的供容能力，这是生态承载力的支持部分。
（2）生态系统内社会经济子系统的发展能力，这是生态承载力的压力部
分。生态系统的自我维持与自我调节能力，是指生态系统的弹性大小，资
源与环境子系统的供容能力则分别指资源和环境的承载能力大小；而社会
经济子系统的发展能力，是指生态系统可维持的社会经济规模和具有一定
生活水平的人口数量。

环境规划的编制是一个科学决策的过程，其程序包括对象调查、历史
比较及有关环境问题的分类排序、目标导向预测、拟制方案、批准与公布
等，最终形成有法律效力的规划。

环境的整体性决定任何地方都无法独善其身。环境保护法第20条规
定，国家建立了区域、流域联防联治制度，明确要求对跨行政区域的重点
区域、流域环境污染和生态破坏实行统一规划、统一标准、统一监测、统
一的防治措施，这对环境规划编制提出了更高的要求。

二、环境影响评价制度

（一）环境影响评价制度的含义

环境影响评价，是指对政策、规划和建设项目实施后可能造成的环境
影响进行调查、分析、预测和评估，提出预防或者减轻不良环境影响的对
策和措施进行跟踪监测并实施防治环境污染和破坏的措施及方法。环境影
响评价制度，是环境影响评价活动的制度化和法定化，是通过立法确定环
境影响评价活动的相关规则，是一项具有预测性和综合性的环境保护基本

制度。

环境影响评价制度与环境容量密切相关。环境影响评价源于对环境容量的关注，并伴随着环境容量的增减而发展，实施环境影响评价的最终目的也是基于环境容量的考量，提出预防或者减轻不良环境影响的对策和措施。为发挥对环境容量的最大效用，环境影响评价制度应以强化制度有效性和事前、事中、事后监管为目标，与总量控制制度、三同时制度、排污许可制度等进行融合，从微观管理向宏观控制转型，从源头管理向排污口管理转型，从静态管理向动态管理转型，从前端服务向过程服务转型。通过健全和完善规划环境影响评价、项目环境影响评价和战略环境影响评价制度，将环境容量、环境标准、功能分区、产业布局落实到政府的宏观经济发展决策中，真正实现地方政府对环境质量负责。

早在1979年的《中华人民共和国环境保护法（试行）》中就规定了建设项目环境影响评价，经过40多年的发展，已建立起涵盖规划环境影响评价、建设项目环境影响评价以及政策环境影响评价三大类型，内容丰富，法律责任明晰的环境影响评价制度。

（二）环境影响评价的范围

1. 规划环境影响评价

对规划进行环境影响评价，旨在协助政府在规划中充分考虑环境因素，消除和降低因规划失误和考虑不周造成的环境影响，从源头上控制环境问题的产生。

（1）综合规划

按照法律规定，土地利用规划和区域、流域、海域的建设、开发利用规划，应当进行环境影响评价。

（2）专项规划

专项规划分为指导性规划和非指导性规划。指导性的专项规划主要是指提出预测性、参考性指标的一类规划；非指导性专项规划是指指标和要求比较具体的一类规划。两类专项规划适用的评价方法不同。

进行规划环境影响评价，目的在于准确定位经济和社会的发展。比如，不能在严重缺水地区发展高耗水工业和产业；不能在严重缺乏资源和能源的地区发展重工业；不能在江河湖海流域敏感区发展重化工企业；不能在环境条件特别恶化的地区发展人类居住区。根据环境、资源、生态确定优先开发区、重点开发区、限制开发区和禁止开发区。

2. 建设项目环境影响评价

根据环境影响评价法和《建设项目环境保护管理条例》的规定，凡是从事对环境有影响的建设项目都必须进行环境影响评价，范围包括工业、交通水利、农林、商业卫生、文教、科研、旅游、市政等对环境有影响的一切基本建设项目、技术改造项目、区域开发建设项目、引进的建设项目等。

3. 经济、技术政策环境影响评价

政策环境影响评价，是将环境影响评价置于重大宏观经济社会决策链条的前端，通过对环境进行数理分析预测及综合评价，科学理性地安排重点区域开发、生产力布局、资源配置和重大项目建设的过程。与处于决策链中末端的行业或地区规划、具体建设项目相比，处于决策链源头的宏观政策对环境显然更具全局性、持久性的影响，一旦决策失误造成的环境灾难将难以估量。因此，政府在制定技术、经济政策的过程中，应该充分考量政策对环境可能造成的影响以提高决策的质量，建立起综合环境经济、社会多种因素的多位一体决策机制。

美国、加拿大、荷兰等国家对政府及政府相关部门制定的环境经济、技术等公共政策广泛开展环境评价。受当时立法背景的局限，中国的环境影响评价法没有规定政策环境影响评价，考虑到中国经济、技术政策的制定所牵涉的范围很广、不确定性大，政策制定没有明确的程序，因此，今后应当通过修订环境影响评价法等配套立法，形成明确而系统的政策环境影响评价制度。

三、环境标准制度

（一）环境标准制度的含义

环境标准是国家根据人体健康、生态平衡和社会经济发展对环境结构、状况的要求，在综合考虑本国自然环境特征、科学技术水平和经济条件的基础上，对环境要素间的配比、布局和各环境要素的组成以及进行环境保护工作的某些技术要求加以限定的规范。

其主要内容为技术要求和各种量值规定，为实施环境保护法的其他规范提供准确严格的范围界限，为认定行为的合法与否提供法定的技术依据。环境标准是环境立法的科学依据，是环境评价的技术基础，是环境管理的重要手段。环境标准发展的快慢、水平的高低，决定了环保工作的先进与落后。

环境标准制度是随着环境保护法制的建立而逐步发展起来的，是环境保护的技术规范和法律规范有机结合的综合体。国际标准化组织在 1972 年开始制定环境基础标准和方法标准。中国自 1973 年颁布《工业"三废"排放试行标准》开始，逐步建立了环境标准体系与环境标准法律制度。环境保护法第 15—16 条对中国的环境标准制度作了明确规定。

（二）环境标准的内容

环境标准的内容，是在环境基准的基础上，综合环境保护、公众健康、社会发展等各种因素确定的一个标准数值。环境标准内容的确定，要以促进人与自然和谐相处为向度，既体现控制污染、保障公众健康的价值取向，又体现自然资源节约利用、循环利用的现实需要；既要满足人类的物质需要，也要注重环境保护及防止资源浪费。

环境标准总体上可以分为三级五大类，三级指国家环境标准、生态环境部制定的行业环境标准和地方环境标准，五大类指环境质量标准、污染物排放标准、环境监测方法标准、环境标准样品标准和环境基础标准。环境标准还可以分为强制性环境标准和推荐性环境标准。

环境保护法第 15 条特别规定国家鼓励开展环境基准研究。环境基准，是指环境中污染物对特定保护对象（人或其他生物）不产生不良或有害影响的最大剂量或浓度，是一个基于不同保护对象的多目标函数或一个范围值。环境基准主要是通过科学实验和科学判断得出，它强调"以人（生物）为本"及自然和谐的理念，是科学理论上人与自然"希望维持的标准"。环境基准和环境标准是两个不同性质的概念，环境基准是科学术语，由环境物质与特定对象之间的"剂量—效应"关系确定，不包含社会、经济、技术等人为因素，也不具有法律效力，但它是制定环境标准的基础和科学依据。环境标准规定的环境有害化学组分或物理因素的容许浓度（或剂量、强度）原则上应小于或等于相应的环境基准值，是环境保护工作的"自然控制标准"，是国家进行环境质量评价、制定环境保护目标与方向的前提依据。因此，进行环境基准研究意义重大。

（三）环境标准的实施

环境标准制度内容丰富，地位重要。在实施中，须注意以下几点：

1. 注重环境标准之间的内容衔接

环境标准类型繁多，但标准之间不能相互孤立，而要相互支撑、配合。例如，环境质量标准与污染物排放标准之间要有效衔接，才能通过减排提升环境质量。

2. 把环境标准的指引性与强制性有机结合

既要注重发挥环境标准的指引功能，明确可以排污的数值；又要注重发挥其约束功能，明确超标排污等违反环境标准行为的法律后果。

3. 把环境标准制度的完善融入环境保护制度的整体构建之中

完善以环境质量标准为核心的环境标准体系的科学性、系统性、适用性，形成层次分明、协同支撑、相互配合的系列环境标准，为环境管理提供支撑。同时，环境保护不能仅仅依靠环境标准制度，要把环境标准制度与环境规划制度、环境影响评价制度、生态补偿制度等其他制度有机结合起来，形成完整的环境保护法律体系。

4. 明确适用环境标准制度过程中的政府责任

省级地方政府有制定地方环境质量标准的权力，政府环境保护或其他主管部门有确定环境质量标准适用数值的权力，同时，亦要承担相应的法律责任。

5. 建立、健全环境与健康监测、调查和风险评估制度，开展环境质量对公众健康影响的研究，采取措施以预防和控制与环境污染有关的疾病。

四、环境监测制度

（一）环境监测制度的含义

环境监测，是指根据保护环境的需要，运用物理、化学、生物等方法，对反映环境质量的某些代表值进行长时间的监视和测定，跟踪其变化及其对环境产生影响的过程。

环境监测的任务主要有三方面：

1. 进行环境质量监测，对组成环境的各项要素进行经常性监测，及时掌握、评价并提供环境质量状况及发展趋势；

2. 进行环境污染监测，对有关单位排放污染物的情况进行监视性监测，为实施环境管理提供准确、可靠的监测数据；

3. 进行环境科研和服务监测，发展环境监测技术，为环境科技的发展积累背景数值和分析依据。

环境监测制度是环境监测工作的制度化、法定化，是通过立法形成的有关环境监测工作的规范。目前，组成环境监测制度的主要是相关环境保护的法律、法规、规章等。

（二）环境监测机构

环境监测机构覆盖全国，包括各级环境监测管理机构、各部门的专业监测机构和企事业单位的监测站，基本形成了分工负责、联合协作、共同工作的环境监测网络。

随着经济社会的发展，环境监测格局亦随之发生变化。为防止地方监测数据作假，避免地方干预监测数据，中国开始实行省以下环保机构监测监察执法垂直管理制度，对地方环境监测站事权适度上收，并加强对地方环保责任的追究。根据《生态环境监测网络建设方案》的规定，国控环境监测站的监测工作由国家生态环境部直接管理，省控环境监测站的监测工作则上收到省或直辖市的生态环境部门负责。事权上收，整合优化了国家环境监测网络，将有助于较大程度地防止地方行政干预，保证监测数据的正确性和真实性，提升环境监测数据的公信力和权威性。新环境保护法实施的第一年，因监测数据造假被查处的案件高达2658起，监测站篡改监测数据问题得到有效处理。

（三）环境监测机构的管理

对环境监测机构的管理主要包括对监测质量的管理、监测报告的管理、检测对象的管理。在环境监测中，要实行"五个统一"：统一管理、统一标准、统一监测、统一质量、统一信息发布。建立生态环境监测数据集成共享机制、构建生态环境监测大数据平台、建立统一的生态环境监测信息发布机制，使环境监测能力与生态文明建设要求相适应。

【风险提示】

经调查审核，确认存在监测数据弄虚作假行为的，按照有关法律、法规和《环境监测数据弄虚作假行为判定及处理办法》有关规定予以处理。新环境保护法对篡改、伪造或者指使篡改、伪造监测数据的行为提出了明确的惩处规定，首次将数据的质量问题上升到法律层面，具有了更高的约束力。处理办法规定了法律手段和行政手段两类处理手段。

环境标准一经颁布，即具有法律效力，必须严格执行，任何单位和个人不得擅自更改或降标。违反国家法律和法规规定，越权制定的国家环境质量标准和污染物排放标准无效。对不执行强制性环境标准的，依法予以处罚。

不依法进行环境影响评价的法律后果如下：

未依法进行环境影响评价的规划，不得组织实施。未依法进行环境影响评价的建设项目，不得开工建设。对不依法进行环境影响评价的责任人进行追究。

环境影响评价机构在有关环境服务活动中弄虚作假，对造成的环境污染和生态破坏负有责任的，除依照有关法律、法规规定予以处罚外，还应当与造成环境污染和生态破坏的其他责任者承担连带责任。

同时，通过强化责任提高环境影响评价质量。建立对环境影响评价机构和环境影响评价从业人员的追责惩罚机制，要求环境影响评价机构对环境影响评价文件负全责，责任终身追究。对违法批准环境影响评价报告的机构和负责人，追究其行政和刑事责任。

【相关案例】

姜某某、舒某某篡改监测数据、污染环境案

2016 年 9 月，雄陶公司、星际公司污染源废气在线自动监测设施运行期间，因工况不好，粉尘设备采样镜头有杂质残留，导致粉尘显示数据经常超标，每次运维均需清洁镜头，过了两三天又需清洁，被告人舒某某嫌麻烦，遂通过管理员权限修改了雄陶公司 4 号喷雾干燥塔和星际公司喷雾干燥塔的粉尘在线数据使其达标，后遭到公司领导制止，让其在运维时恢复正常数据（显示超标）。后雄陶公司、星际公司的其他监测数据亦经常超标，身为雄陶公司安保部长的被告人姜某某和身为星际公司安保部长的赵某（另案处理）分别多次通过多种方式要求被告人舒某某告诉管理员密码或者帮忙篡改数据使其达标。

本案经过法庭审理，认为被告人姜某某身为重点污染单位的工作人员，违反国家规定，篡改、伪造自动监测数据，排放化学需氧量、二氧化硫、氮氧化物等污染物，严重污染环境；被告人舒某某在对环境监测设施

运行定期维护时，明知被告人姜某某使用其传授的方法篡改、伪造自动监测数据，排放化学污染物，仍帮助遮掩、瞒报，其行为均构成污染环境罪。

【法条指引】

中华人民共和国环境保护法（节录）

第十三条　县级以上人民政府应当将环境保护工作纳入国民经济和社会发展规划。

国务院环境保护主管部门会同有关部门，根据国民经济和社会发展规划编制国家环境保护规划，报国务院批准并公布实施。

县级以上地方人民政府环境保护主管部门会同有关部门，根据国家环境保护规划的要求，编制本行政区域的环境保护规划，报同级人民政府批准并公布实施。

环境保护规划的内容应当包括生态保护和污染防治的目标、任务、保障措施等，并与主体功能区规划、土地利用总体规划和城乡规划等相衔接。

第十五条　国务院环境保护主管部门制定国家环境质量标准。

省、自治区、直辖市人民政府对国家环境质量标准中未作规定的项目，可以制定地方环境质量标准；对国家环境质量标准中已作规定的项目，可以制定严于国家环境质量标准的地方环境质量标准。地方环境质量标准应当报国务院环境保护主管部门备案。

国家鼓励开展环境基准研究。

第十七条　国家建立、健全环境监测制度。国务院环境保护主管部门制定监测规范，会同有关部门组织监测网络，统一规划国家环境质量监测站（点）的设置，建立监测数据共享机制，加强对环境监测的管理。

有关行业、专业等各类环境质量监测站（点）的设置应当符合法律法规规定和监测规范的要求。

监测机构应当使用符合国家标准的监测设备，遵守监测规范。监测机构及其负责人对监测数据的真实性和准确性负责。

第十八条　省级以上人民政府应当组织有关部门或者委托专业机构，

对环境状况进行调查、评价，建立环境资源承载能力监测预警机制。

第十九条 编制有关开发利用规划，建设对环境有影响的项目，应当依法进行环境影响评价。

未依法进行环境影响评价的开发利用规划，不得组织实施；未依法进行环境影响评价的建设项目，不得开工建设。

第三节 保护和改善环境制度

【规则要点】

保护和改善环境制度，是指为防止生态破坏、维持生态平衡，保护环境、改善环境要素、提升环境质量的法律制度的总称。它是对生态保护和环境改善各项工作的法定化和制度化，是保护和改善环境方面的基本规范。保护和改善环境的主要目的在于保证自然资源的永续开发利用，支持所有生物的生存能力。生态保护红线制度、生态补偿制度、环保督政问责制度等，都是对这一理念的贯彻。

【理解与适用】

一、生态保护红线制度

（一）生态保护红线制度的含义

生态保护红线制度是环境保护制度的重要创新。它是指在自然生态服务功能、环境质量安全、自然资源利用等方面，实行严格保护的空间边界与管理限值，以维护国家和区域生态安全及经济社会可持续发展，保障人群健康的法律规定。

在中国，生态保护红线是继"18亿亩耕地红线"后，被提到国家层面的新的"生命线"。环境保护法第29条第1款明确规定："国家在重点生态功能区、生态环境敏感区和脆弱区等区域划定生态保护红线，实行严格保护。"这标志着中国初步建立了生态保护红线制度。

生态保护红线制度最早来自于地方环境保护的立法探索，改革开放较早、生态环境保护问题较早凸显的一些经济特区，如深圳、厦门等地较早树立了系统保护生态环境的理念，通过地方立法规定了生态红线制度。

（二）生态保护红线制度的内容

1. 生态保护红线的划定

生态保护红线，是指对维护国家和区域生态安全及经济社会可持续发展，保障人民群众健康具有关键作用，在提升生态功能、改善环境质量、促进资源高效利用等方面必须严格保护的最小空间范围与最高或最低数量限值。具体包括生态功能保障基线、环境质量安全底线和自然资源利用上线，可简称为生态功能红线、环境质量红线和资源利用红线。

生态功能红线，是指对维护自然生态系统服务，保障国家和区域生态安全具有关键作用，在重要生态功能区、生态敏感区、脆弱区等区域划定的最小生态保护空间；环境质量红线，是指为维护人居环境与人体健康的基本需要，必须严格执行的最低环境管理限值；资源利用红线，是指为促进资源能源节约，保障能源、水、土地等资源安全利用和高效利用的最高或最低要求。基于环境容量不同，在不同主体功能区发展中应做到：禁止开发区，必须与生态补偿制度相结合，强调生态产品和生态服务的价值；限制开发区，必须与总量控制和规划环境影响评价相结合；优化开发区和重点开发区，必须与当地发展方式转变、产业结构调整相结合。生态红线划定的主体对象是重要生态功能区、生态敏感区和生态脆弱区。

2. 生态保护红线的功能

生态红线的主要功能是重要生态服务保护、人居环境保障和生物多样性保育。划定的主要目的是保护对人类持续繁衍发展及经济社会可持续发展具有重要作用的自然生态系统。通过划定生态红线，可以进一步优化生态安全格局，增强经济社会可持续发展生态支持能力，保障国家安全。

（1）重要生态服务功能保护区红线是国家生态安全的底线。划定重要生态服务功能保护红线，首先应明确其分布范围，然后围绕它的主导生态功能，开展生态服务功能重要性评价，最终在空间上确定最需要保护的核心生态服务功能区域。重要生态服务功能保护区红线的划定，既保护了区（流）域范围"自然—社会—经济"复合生态系统中供给生态服务的关键区域，也能够从根本上解决资源开发与生态保护之间的矛盾。

（2）生态脆弱区和敏感区生态红线是人居环境与经济社会发展的基本生态保障线。划定生态脆弱区和敏感区红线，首先，应基于区域主要生态环境问题，明确典型生态系统服务功能、资源利用与人类活动的相互作用关系及空间范围。例如，荒漠绿洲交接区保护红线需要明确沙漠化过程与周边人类活动干扰和水资源利用之间的相互作用过程。其次，要通过生态脆弱性和敏感性及生态服务功能重要性评价，根据区域地理特征、生态结构和生态服务功能差异，统筹划定生态脆弱区和敏感区保护红线，构建国家人居环境屏障格局，为人居环境安全提供有力的生态保障，为协调区域生态保护与生态建设提供支撑。

（3）生物多样性保育区红线是关键物种与生态资源的基本生存线。划定生物多样性保育区红线，应选择稀有程度强、濒危等级高、受威胁程度大的关键物种和生态系统作为生态红线的保护对象。要在国家层面选取重要的动植物物种和生态系统，开展濒危性、特有性及重要性评价活动。然后，收集、遴选关键物种和生态系统的分布信息，确定其分布范围及当前保护空缺，以维护物种和生态系统存活的最小面积为原则，最终划定生物多样性保育红线，以维持关键动植物物种和生态系统的长期存活，为生物资源保护与持续利用提供基本保障。

3. 生态保护红线功能的实现

（1）建立资源环境生态红线制度和预警机制

基于国土安全和环境风险管理，确定不同尺度上的生态空间、资源环境容量，为严控各类开发活动逾越生态保护红线奠定基础。依照科学基础、法律规定和相关程序，征求利益相关方意见，考虑合理范围、可操作性和保障能力，科学划定生态红线，促使自然资源得到可持续开发利用，保障环境质量只能更好、不能变坏，保护和修复各类资源的生态功能。在此基础上，建立资源环境生态监测评估体系和预警机制。

（2）制定三级递进机制构建保障体系

应建立以行业机构科研为先导，以政府决策、管理为主导的"监测监察—预测预警—法律法规"三级递进的生态红线保障机制，重点解决综合决策、区域协调、管理体制等突出问题，逐步建立、完善国土生态安全的法律、法规保障体系，切实保护生态红线。

（3）建立分级分类分区管控机制

在生态红线划定上，须由国家根据国土生态安全格局的要求，结合国情和当地生态环境实际，一线划到底。但在划定后，可实行从国家到地方的分级管控机制，实行属地化管理。国家对生态红线实行宏观监管，省级人民政府对辖区内的生态红线管控负总责，市、县两级地方人民政府具体负责生态红线的管理。此外，各级人民政府可根据红线划定功能不同与空间分布情况，制定与生态功能保护相适宜的差异性管理制度，建立科学的分类分区管控机制。

（4）设立红线管控制度

从资源、环境、生态三个方面加强管控，将各类开发活动限制在资源环境承载能力之内。管控资源红线，设定资源消耗的上限，合理设定资源消耗"天花板"；管控环境质量底线，确保各类环境要素质量"只能更好、不能变坏"；管控生态红线，遏制生态系统退化的趋势。各级党委、政府对本地区生态文明建设负总责，最重要的是树立底线思维，管控资源消耗上限、环境质量底线、生态保护红线，确保生态功能不降低、面积不减少、性质不改变。

二、生态补偿制度

（一）生态补偿制度的含义

生态补偿是一种使外部成本内部化的环境经济手段。作为环境资源保护的经济手段，生态补偿机制是调动生态保护建设积极性、促进环境保护的利益驱动机制、激励机制和协调机制。生态补偿从狭义角度理解是指对由人类社会经济活动给生态系统和自然资源造成的破坏及对环境造成的污染的补偿、恢复、综合治理等一系列活动的总称。广义的生态补偿则还应包括对因环境保护而丧失发展机会的区域内的居民进行的资金、技术、实物上的补偿、政策上的优惠，以及为增强环境保护意识，提高环境保护水平而进行的科研、教育开支。生态补偿具有范围的广泛性、手段的多样性和补偿的法定性等特点。

生态补偿不仅是环境与经济的需要，也是政治与战略的需要。它以改善或恢复生态功能为目的，以调整保护或破坏环境的相关利益者的利益分配关系为对象，具有经济激励作用。自然资源不仅具有巨大的经济价值，其生态价值的重要性随着环境问题的日益严峻也越发凸显出来。但在现有发展模式下，其生态价值多不被考虑，资源开发、利用者往往把生态破坏的外部不经济性转嫁给社会，并引发一系列社会冲突。同时，所有地区和所有人发展的权利都是平等的，都不能被剥夺，更不能独自承担环境代价，需要相关各方对放弃发展机会的该区域予以补偿，促进区域协调发展。因此，实施生态补偿意义重大。

生态补偿制度是以保护生态环境、促进人与自然和谐发展为目的，根据生态系统服务价值、生态保护成本、发展机会成本，运用政府和市场手段，调节生态保护利益相关者之间利益关系的公共制度。

中国自 1997 年提出积极探索"生态环境补偿机制"以来，生态补偿机制及类似表达多次在相关政策文件中出现。2008 年修订的《中华人民共和国水污染防治法》首次以法律的形式对生态补偿机制予以规定。此后多地开展了生态补偿机制实践及规范制定。2013 年，国家提出"完善对重点生态功能区的生态补偿机制，推动地区间建立横向生态补偿制度"。2014年，水利部提出要"建立流域上下游不同区域的生态补偿协商机制，推动地区间横向生态补偿"。环境保护法也明确规定国家建立、健全生态保护补偿制度。2016 年，《国务院办公厅关于健全生态保护补偿机制的意见》进一步指出，实施生态保护补偿是调动各方积极性、保护好生态环境的重要手段，是生态文明制度建设的重要内容，须进一步健全生态保护补偿机制。至此，中国逐步实现了生态补偿制度的体系化构建。

（二）生态补偿制度的内容

1. 补偿缘由

因为社会各阶层都必须承担环境社会责任，所以需要通过生态补偿的形式，来实现这一责任。通过建立生态补偿制度，引导全社会树立生态产品有价、保护生态人人有责的意识，营造珍惜环境、保护生态的良好氛围。

2. 补偿理念、原则和实施领域

生态补偿基于创新、协调、绿色、开放、共享的发展理念，按照权责统一、合理补偿，政府主导、社会参与，统筹兼顾、转型发展，试点先行、稳步实施的原则，着力落实森林、草原、湿地、荒漠、海洋、水流、耕地等重点领域生态保护补偿任务。

3. 补偿主体

根据"谁开发谁保护，谁破坏谁恢复，谁受益谁补偿，谁污染谁付费"的基本原则，受益者、开发者、破坏者、污染者都可以成为生态补偿的主体。

4. 补偿内容

政府的生态补偿，是政府为履行生态环境责任的事权所必需的财权；企业、社会团体和个人的生态补偿，是企业、社会团体和个人为履行环境社会责任所必须承担的成本。

5. 补偿标准

补偿标准合理直接关系到补偿的实施进度和实施效果。在确定补偿标准时要充分考虑生态建设与保护过程中的各项成本、费用以及收益，与经济社会发展状况相适应，反映人对生态环境影响的程度和因素，考虑内部控制机制层面的因素和外部约束机制层面的因素，促进形成绿色生产方式和生活方式。

6. 补偿方式

补偿方式是影响生态补偿效果的重要因素。单一补偿方式并不是一种持续的、能够根本改善生态状况的方式，应该寻求多元补偿方式。具体有纵向和横向补偿两个维度：纵向就是要加大对重点生态功能区的转移支付力度，逐步提高其基本公共服务水平；横向就是引导生态受益地区与保护地区之间、流域上游与下游之间，通过多种方式实施补偿，规范补偿运行机制。生态补偿问题牵涉许多部门和地区，因此具有不同的补偿类型、补偿主体、补偿内容和补偿方式。为此，国家应建立一个具有战略性、全局性和前瞻性的生态补偿总体框架，逐步走向政府手段和市场化手段相结合的道路。目前应由政府主导，并注重培育市场化手段，使生态补偿机制走向良性循环。随着中国市场经济体制和环境管理体制的进一步完善，市场化补偿方式将能在更大范围内发挥生态补偿的作用。

7. 补偿对象

补偿对象应为生态环境的保护者、恢复者、受损者。生态补偿的最终受益者是生态系统。生态补偿的环境社会责任，首先是通过税收、非税收收入等形式，体现在政府，政府再通过转移支付、补贴等手段，体现到生态系统所在地的居民，最终，通过生态系统所在地居民对生态环境影响行为的变化，体现到生态系统。

三、环保督政问责制度

（一）环保督政问责的含义

环保督政问责制度建立在地方政府的环境责任上。环境保护法明确规定了地方政府的环境责任，即对本行政区域的环境质量负责。对本行政区域的环境质量负责，就是要让环境质量越来越好，底线是不能越来越坏。环保督政问责，是指如果环境质量下降了，生态比过去破坏了，地方政府就要承担责任。如果由于决策错误或者监管不力出现重大生态环境问题，要追究党政领导人责任，而且终身追责。

环境的公共产品性质决定了在某种程度上完全用市场手段来调节可能失灵。地方政府环境责任的缺失是环境保护领域政府失灵、环境保护法律失灵的一个重要原因。政府环境责任的缺失主要表现为"重政府经济责任，轻政府环境责任""重企业环境义务和责任，轻政府环境义务和责任""重政府环境权力，轻政府环境义务"。地方政府是推动经济、社会发展的主导力量，在环境保护中也占有主导地位，解决环境问题的主要机制和作用还是集中在政府身上。因此，环境保护法强化了政府责任，让地方政府负责，开创性地设立了环保督政问责制度，通过目标评价机制和考核制度，让政府正确处理保护与发展的关系，在平衡经济发展和环境保护中起更大作用。环保督政问责制度主要体现于环境保护法及相关政策文件中，涉及诸多方面，每一方面都有深刻内涵和很强的针对性，是环保督政问责的基本依据。

规定环保督政问责制度，将进一步规范党政领导人的施政行为，既是环境保护的需要，也是在经济转型和可持续发展中发挥重要作用的需要。

（二）环保督政问责的内容

环保督政问责的内容就是建立一套有效的问责激励机制，使党政领导干部切实转变执政理念，为生态保护和环境质量负责。

在地方政府对环境质量负总责的要求之下，环境保护法具体规定了两方面的责任：一是带有监管性，或者说预防性、保护性的责任；二是对监管责任未落实的追究，也就是法律责任。监管责任是具体落实"地方政府应当对本行政区域的环境质量负责" 的保证，法律责任则是督促地方政府落实监管责任。

环保督政问责既确定了地方政府必须履行的法定责任，也明确规定了地方政府不能做什么：

（1）不能组织实施未依法进行环境影响评价的开发利用规划；

（2）不能超总量排污、未完成国家确定的环境质量目标；

（3）不能包庇环境违法行为；

（4）依法应当作出责令停业、关闭决定的，不能不作为；

（5）不能指使篡改、伪造监测数据；

（6）不能马虎大意，导致发生重特大突发环境事件；

（7）环境质量不能下降；

（8）不能不顾生态环境盲目决策；

（9）不能干预、阻碍环境监管执法。

环境保护督政问责制度包括约谈、区域限批、挂牌督办、综合督查和环保督察等一系列措施。环境保护法实施后，环保督政问责制度进一步强化。2015 年，原环保部共约谈了 16 个地级市（自治州）和 2 个县的地方政府负责人；多个省级环保厅也开展了相应的约谈、督查。环保督政问责制度强调 "党政同责、一岗双责" 和 "终身追责"，促使各地党政领导人注重解决环境问题，推动地方环境质量的改善。

【风险提示】

如果由于决策错误或者监管不力出现重大生态环境问题，就要追究党政领导人责任，而且终身追责。

【相关案例】

郭某某与台州市人民政府落实生态补偿金行政复议案

根据浙政发〔2005〕44 号《浙江省人民政府关于进一步完善生态补偿机制的若干意见》等文件精神，建立牛头山水库集雨区生态补偿机制。生态补偿资金专项用于集雨区范围内的主要河道整治、生态基础设施建设及运转维护、日常生活垃圾处理和生活污水处理为主的环保设施运转维护、畜禽养殖整治、防治农业面源污染补助、生态环境保护的其他项目。原告于 2015 年 9 月 13 日向临海市人民政府提交《请求落实牛头山库区上游农民生态补偿金意见书》，要求将移用的补偿金补回及确保今后资金落实到个人。临海市发展和改革局于 2015 年 12 月 10 日对原告作了答复。原告于 2016 年 12 月 28 日向被告台州市人民政府申请行政复议，请求确认被申请人临海市人民政府未按规定落实生态补偿金的行政行为违法；责令被申请人按规定落实生态补偿金及退还被移用的资金。

案件经过一审、二审，二审法院认为：被上诉人台州市人民政府台政行复〔2016〕116 号行政复议决定认为上诉人与临海市政府按照浙政发〔2005〕44 号文件精神落实或使用牛头山水库集雨区生态补偿资金的行为不存在利害关系，其复议申请不符合行政复议受理条件，并据此驳回其行政复议申请，并无不当。

【法条指引】

中华人民共和国环境保护法（节录）

第六条 一切单位和个人都有保护环境的义务。

地方各级人民政府应当对本行政区域的环境质量负责。

企业事业单位和其他生产经营者应当防止、减少环境污染和生态破坏，对所造成的损害依法承担责任。

公民应当增强环境保护意识，采取低碳、节俭的生活方式，自觉履行环境保护义务。

第二十九条 国家在重点生态功能区、生态环境敏感区和脆弱区等区域划定生态保护红线，实行严格保护。

各级人民政府对具有代表性的各种类型的自然生态系统区域，珍稀、濒危的野生动植物自然分布区域，重要的水源涵养区域，具有重大科学文化价值的地质构造、著名溶洞和化石分布区、冰川、火山、温泉等自然遗迹，以及人文遗迹、古树名木，应当采取措施予以保护，严禁破坏。

第四节　防治污染和其他公害制度

【规则要点】

防治污染和其他公害制度是国家为预防、治理环境污染和其他公害而建立的法律制度的总称，是环境保护法的重要组成部分，以对环境污染和其他公害的防治为主要内容。按照在防治环境污染和其他公害中功能的差异和制度的不同着力点，它可以分为预防性控制制度和治理性控制制度。

【理解与适用】

一、排污总量控制制度

（一）排污总量控制制度的含义

排污总量控制制度，是指国家环境管理机关依据所勘定的区域环境容量决定区域中的重点污染物质排放总量，根据排放总量削减计划，向区域内的企业分配各自的重点污染物排放总量额度的一项法律制度。

中国从 20 世纪末开始实行污染物排放总量控制制度。在"十一五"及"十二五"国民经济和社会发展规划中，重点污染物减排指标被列为约束性指标的同时还制定了全国主要污染物排放总量控制计划。水污染防治法和大气污染防治法也对总量控制制度作了规定。在这些制度的基础上，环境保护法明确规定，国家实行重点污染物排放总量控制制度，从法律层面确立了总量控制制度作为环境保护法基本制度的地位。

（二）排污总量控制制度的内容

排污总量控制是将某一控制区域作为一个完整的系统，采取措施将排入这一区域的污染物总量控制在一定数量之内，以满足该区域的环境质量要求的一项措施，核心在于确定污染物的排放总量。

确定排污总量具有很强的政策性和技术性，应该遵循公平、科学、合理原则。首先，要通过制定全国及区域性的环境质量规划，拟订向环境排放的各主要污染源及各单位的污染物允许排污的总量，并应与各企业的污染物排放总量控制规划提出的排污总量相互协调统一。其次，要考虑各地区的自然特征，弄清污染物在环境中的扩散、迁移和转移规律与污染物的净化规律，计算环境容量，并综合分析该区域内的污染源，通过建立一定的数学模型，计算出每个污染源的污染分担率和相应的污染物允许排放总量，求得最优方案，使每个污染源只能排放小于总量排放标准的排放量。然后，按照这个总量下达、分解、落实，遵守污染物排放总量控制指标。

排污总量控制制度可使环境质量目标转变为排放总量控制指标，落实到企业的各项管理之中，成为生态环境部门发放排污许可证的根据，也可以成为企业经营管理的基本依据。

（三）排污总量控制制度的实施

1. 排污总量控制与环境质量改善同步

中国现阶段的关键任务是遏制污染物排放增量、实现总量减排及环境质量的改善，建立面向环境质量改善的总量控制制度则是中国环境管理的终极目标。总量减排应以改善环境质量为重点，根据环境质量改善需求实施区域排污总量控制制度，以排污许可证为主要手段，点源监管分级负责，提高针对性和有效性，逐步实现由结合环境质量现状的任务目标导向的污染减排模式向以环境质量目标为导向的控制模式转变。

2. 排污总量控制制度与相关制度协调整合

污染源的有效管控是总量控制的核心任务，要完成这一任务，排污总量控制制度与环境规划、排污许可、环境标准、环境监测等制度必须有效衔接、密切配合，形成制度合力。

3. 实施以环境质量为核心的综合评估与考核体系

理顺现有环境责任考核制度，建立以总量减排和环境质量为核心的综合考核体系，把中央环境保护财政资金分配与环境质量绩效考核严格挂钩，凸显污染物总量减排的环境保护绩效。

二、排污许可管理制度

（一）排污许可管理制度的含义

排污许可管理制度，是指凡是对环境有不利影响的各种开发、建设项目的排污设施及其经营活动，需要事前经过申请，经主管部门审查批准，颁发许可证后，才能按照规定的要求或条件进行建设和排污活动。

　　排污许可管理制度是国家为加强环境管理而采用的一项制度，因其可以由管理机关针对不同的对象"量身定制"，并且可以实行跟踪管理，而被认为是环境管理的"支柱性"制度。这项制度在中国的许多环保法律、法规中均有体现，主要包括：国家实行排污许可管理制度，完善污染物排放许可制，在全国范围建立统一公平、覆盖所有固定污染源的企业排放许可制，依法核发排污许可证，排污者必须持证排污，禁止无证排污或不按许可证规定排污。

　　排污许可管理制度贯穿排污单位建设、生产、污染控制、现场监理等环境管理的全过程，能从源头上解决环保中的"搭便车"和外部性问题，是环境保护的基础性制度。在环境管理转型的大背景下，排污许可管理制度的确立是中国环境管理的重大变革，体现了排污许可证的重要地位。

　　（二）排污许可管理制度的实施

　　1. 排污许可证与环境质量改善相衔接

　　排污许可是污染源排放和环境质量改善二者关联的基础和中介，将排污行为与环境质量挂钩，与环境功能区划挂钩，建立二者之间的相应关系，以此确定允许污染源排放的浓度与总量限值。可以在环境质量超标的区域（流域）或具体控制单元中，根据需要改善的环境指标需求，确定排污许可量，以环境质量约束排污许可量。

　　2. 实现污染源管理制度的横向联动

　　建立以许可证为核心的污染源管理制度体系，协调其与环境影响评价、总量控制、排污收费等制度的关系，打破现有管理制度相对各自独立、缺乏统筹的局面，弥补制度衔接机制的缺失，提高政府环境治理能力，降低环境管理成本，发挥制度组合的整体效能。

　　3. 构建一证式管理模式

　　排污许可管理贯通项目建设、试生产、运营、监管、后期评估全过程，实施一证式排污许可管理，体现了多介质、多污染物协同防控，综合了对企业的全部环境管理要求，高效减负，易形成相对集中、便于操作的环境管理制度。

　　4. 加强证后监管

　　中国"重证轻管"现象普遍，制度的实质性作用并未发挥出来，没有体现在企业的日常管理之中。证后监管强调对排污单位日常排污行为的管理，使排污单位真正按许可要求进行排污约束。

5. 强化企业主体责任

要求企业自主申报、自主承诺、自主监测，把相关责任还给企业，地方生态环境部门要承担的是监管与处罚职责，带动环境治理体系的创新。

三、突发环境事件应急制度

（一）突发环境事件应急制度的含义

突发环境事件，是指由于污染物排放或自然灾害、生产安全事故等因素导致污染物或放射性物质等有毒有害物质进入大气、水体、土壤等环境介质，突然造成或可能造成环境质量下降，危及公众身体健康和财产安全，或造成生态环境破坏，或造成重大社会影响，需要采取紧急措施予以应对的事件，主要包括大气污染、水体污染、土壤污染等突发性环境污染事件和辐射污染事件。

突发环境事件定义明确了突发环境事件的原因和界定，列举了引发和次生突发环境事件的情形，将突发性污染和一些累积性污染都纳入突发环境事件的范畴，体现了国家对环境安全的底线思维，有利于最大限度地减少事件的环境影响，有助于增强各级政府及其有关部门和企业的环境意识，适应从单项向综合转变的发展态势，尽可能减少对环境的损害，防范次生突发环境事件。环境应急是针对可能或已发生的突发环境事件需要立即采取某些超出正常工作程序的行动，以避免事件发生或减轻事件后果的状态，也称为紧急状态。

当前，中国的环境安全形势面临严重挑战，环境应急管理形势严峻，一是突发环境事件频发，二是环境风险十分突出，且二者呈现出高度复合化、高度叠加化和高度非常规化的趋势。频发的突发环境事件和环境风险，对环境应急管理提出更系统、更严格和更规范的要求。制定突发环境事件应急制度，有助于从总体上加强环境应急管理工作，有效应对突发环境事件严峻形势，有力保障环境安全，促进经济社会的协调发展。在中国，最初由《中华人民共和国海洋环境保护法》规定了因船舶海损事故而采取的强制应急措施；后来，水污染防治法规定了水污染事故的强制应急措施；大气污染防治法对大气污染事故的应急制度作了规定；国家制定了

《中华人民共和国突发事件应对法》，原环保部针对突发环境事件制定了规章；环境保护法第47条规定了突发环境事件应急制度，随后国务院办公厅又修订颁布了《国家突发环境事件应急预案》和《突发环境事件应急管理办法》，进一步明确了生态环境部门和企业事业单位在突发环境事件应急管理工作中的职责定位，从风险控制、应急准备、应急处置和事后恢复四个环节构建全过程突发环境事件应急管理体系。至此，中国建立了较完备的突发环境事件应急制度。

（二）突发环境事件应急制度的内容

1. 突发环境事件应对工作的责任主体是县级以上地方人民政府

按照"坚持统一领导、分级负责，属地为主、协调联动，快速反应、科学处置，资源共享、保障有力"的原则，突发环境事件发生后，地方人民政府和有关部门应该立即自动按照职责分工和相关预案开展应急处置工作。国家层面主要是负责应对重特大突发环境事件、跨省级行政区域突发环境事件和省级人民政府提出请求的突发环境事件。国家层面应对工作分为生态环境部、国务院工作组和国家环境应急指挥部三个层次，这样规定是近10年来重特大突发环境事件应对实践的总结和法律化。如2005年发生的松花江水污染特别重大突发环境事件，国务院成立了应急指挥部，统一领导、组织和指挥应急处置工作。一些敏感的重大环境事件，如2009年中石油兰郑长管道柴油泄漏事件、2012年广西龙江河镉污染事件等，成立了由原环保部等相关部门组成的国务院工作组，负责指导、协调、督促有关地区和部门开展突发环境事件应对工作。其他重特大突发环境事件国家层面的应对则多是由生态环境部负责，生态环境部对部门工作组的响应分级、响应方式、响应程序、工作内容进行了系统规定。

2. 从全过程角度系统规范突发环境事件应急管理工作

在总结各地环境应急管理实践经验的基础上，以环境保护法第47条为依据，现行制度从事前、事中、事后全面系统地规范了突发环境事件应急管理工作，主要是突发环境事件应急管理"管什么"和"怎么管"的问题。

3. 构建突发环境事件应急管理具体制度

围绕生态环境部门和企业事业单位两个主体，构建了八项突发环境事件应急管理具体制度，分别是风险评估制度、隐患排查制度、应急预案制度、预警管理制度、应急保障制度、应急处置制度、损害评估制度、调查处理制度。这八项具体制度组成了突发环境事件应急管理工作的核心内容。

4. 明确突发环境事件应急管理优先保障顺序

突发环境事件应急管理的目的是预防和减少突发环境事件的发生及危害，规范相关工作，保障人民群众生命安全、环境安全和财产安全。由此规定，突发环境事件应急管理优先保障顺序确定为"生命安全""环境安全""财产安全"，突出强调了环境作为公共资源的特殊性和重要性。

四、"三同时"制度

（一）"三同时"制度的含义

"三同时"制度，是指一切新建、改建和扩建的基本建设项目（包括小型建设项目）、技术改造项目以及自然开发项目和可能对环境造成损害的工程建设，其中防治污染和其他公害的设施及其他环境保护设施，必须与主体工程同时设计、同时施工、同时投产的法律制度。

建设项目一般包括设计、施工和投入使用三个阶段，"三同时"制度贯穿于建设项目的全过程，并对三个阶段提出了不同的要求。这有利于控制新污染源的产生和贯彻预防为主、防治结合的原则，有利于保证项目建成后排放的污染物符合环境标准。

"三同时"制度是中国环保工作的一个创举，是源头控制和过程控制的有机结合，有利于推进清洁生产制度。从功能上来讲，"三同时"制度就是为了强调污染防治的"及时"性和"到位"性，目的是要"随时随地"地预防环境污染产生，并在不同阶段对"三同时"制度提出了不同的要求。"三同时"制度与循环经济的"少污染或不污染"并不冲突，是末端治理的改良，并且体现了循环经济中减量化的要求，对防治环境污染起到了重要作用。这项制度始于 20 世纪 70 年代，其后适用范围、控制方法等不断得到完善，环境保护法进一步在第 41 条对防治污染设施的建设、质量、拆除或者闲置作出了新规定，大大增强了制度的可操作性。

随着社会的不断发展，环保理念也在不断发展变化，集中治理等新的环境管理制度相继提出。集中治理体现了社会化、集约化的污染治理模式，突出了市场经济条件下企业成本的最小化、效益的最大化。"三同时"制度要继续完善，与其他环境管理制度进一步衔接、融合。

（二）"三同时"制度的实施

"三同时"制度适用于一切新建、改建和扩建的建设项目、技术改造项目以及可能对环境造成污染和破坏的工程建设项目。

1. 不同建设阶段的规定和要求

（1）初步设计阶段

必须有环境保护的内容，建设单位负责落实初步设计中的环境保护措施，建设项目的主管部门负责预审和监督，各级生态环境部门负责审查。

（2）建设项目施工阶段

建设单位应严格按照要求及规定，在主体施工的同时落实环境保护设施的施工。

（3）建设项目正式投产或使用前

建设单位必须提交《环境保护设施竣工验收报告》，经验收合格并发给环境保护设施验收合格证后，才可以正式投产使用。否则，主管部门不得办理营业执照。

（4）验收和正式投产使用阶段

建设项目的主管部门负责环境保护设施竣工验收的预审和监督使用，生态环境部门负责环境保护设施的竣工验收和使用情况的监督检查。

2. 防污设施应当符合经批准的环境影响评价文件的要求。否则，由生态环境部门责令停止生产或者使用，可并处罚款。防治污染的设施不得擅自拆除或者闲置，确需拆除或者闲置的，须经所在地的生态环境保护行政主管部门同意。

【风险提示】

建设单位必须严格执行"三同时"制度。凡建设项目的环境保护设计内容未经环境保护行政主管部门审批、审查的不办理施工执照，擅自施工的责令其停工，补办审批手续；试生产建设项目的环境保护设施未与主体工程同时投入运行的，由生态环境部门责令限期改正；逾期不改的，责令停止试生产，并可处以罚款。建设项目的防治污染设施没有建成、没有验收或没有达到规定的标准而投入生产或使用的，由有关的生态环境保护行政主管部门责令停止生产或使用，并可处以罚款。

对于发生突发环境事件并造成后果的，相关法律、法规已多有严格规定，但在风险防控和应急准备阶段，环境保护法和突发事件应对法等有相关义务规定，但没有与之对应的责任规定或者规定不明。为完善制度，生态环境部门规章针对6种情形设立了警告及罚款等法律后果。

企业有义务按照许可证记载的事项履行防止污染、保护环境行为；监管机关必须按照许可证记载的事项进行跟踪检查与督促。现场检查应针对许可证的要求进行，对不履行许可证义务的行为要依法追究法律责任，加大惩罚力度，明确提高罚款数额，罚款数以污染物单论，并与按日计罚挂钩。对违法发放许可证和不履行监管义务的责任人也要追究责任。

环境保护法对政府和企业的违法行为分别规定了相应法律后果。地方政府责任主要有区域环境影响评价限批、限期达标、行政问责、党政同责等。企业责任具体有限制生产、停产整治、责令停业、关闭及依法承担民事责任、刑事责任等。

【相关案例】

案例1　中山市海洋与渔业局同彭某某、冯某某倾倒垃圾争诉案

原告中山市海洋与渔业局承担海洋环境保护和修复的责任，组织海洋资源环境调查、监测、监视、评价和信息发布，组织实施重点海域排污总量控制制度，监督海洋倾废、陆源污染物排海，负责海洋和渔业水域生态环境保护、生物资源保护和渔业资源的增殖工作，监督管理海洋、渔业自然保护区和特别保护区，管理国家分工的海洋自然资源。

本案垃圾倾倒在中山市××东××航道××号灯标堤围。该堤围东边是海域，南边是横门水道，西边是民众镇裕安围，北边是河道。根据广东省人民政府2017年9月发布的《广东省海洋生态红线》，本案倾倒垃圾的堤围及其周边海域属于重要河口生态系统，禁止排放有害有毒的污水、油类、油性混合物、热污染物及其他污染物和废弃物。据此，彭某某、冯某某倾倒垃圾没有合法依据，应当承担相应的法律责任。

案例2 汕头市恒丰制革有限公司、汕头市环境保护局行政处罚案

2016 年 4 月 12 日，汕头市环境保护局（以下简称市环保局）到汕头市恒丰制革有限公司（以下简称恒丰公司）生产厂区进行检查，发现恒丰公司未依法取得排污许可证，擅自排放水污染物。经现场对正在外排的污水进行监测取样，并经检测和权威部门认可，恒丰公司排放的污水重金属"总铬"浓度超过国家标准 3 倍以上。市环保局依法对恒丰公司未依法取得排污许可证，擅自排放水污染物的违法行为作出汕环罚字〔2016〕第 30 号行政处罚决定；对恒丰公司法定代表人及股东涉嫌犯罪的线索，移交公安机关立案侦查。

本案经过一审和二审。二审法院认为，环境保护法第 45 条规定："国家依照法律规定实行排污许可管理制度。……未取得排污许可证的，不得排放污染物。"《广东省环境保护条例》第 21 条第 1 款规定："本省依照法律规定实行排污许可管理制度。禁止未依法取得排污许可证或者违反排污许可证的要求排放污染物。"本案中，上诉人恒丰公司未依法取得排污许可证，擅自排放水污染物，被上诉人市环保局作为市环境保护主管部门，经过现场调查取证，立案审查，告知听证等程序，对上诉人恒丰公司未取得排污许可证排放污染物的行为作出行政处罚，符合行政处罚及环境保护法律、法规的有关规定，原审法院依法予以维持并无不当。

案例3 铜仁市铜鑫汞业有限公司、内蒙古伊东集团东兴化工有限责任公司污染环境案

2016 年，内蒙古伊东集团东兴化工有限责任公司（以下简称甲方）与铜仁市铜鑫汞业有限公司（以下简称乙方）签订《固废委托处理合同》，约定甲方作为危险废物的产生单位，委托乙方进行危险废物的处置，乙方负责运输，甲方负责装车，合同约定的废物处理标的是 1200 吨含汞废物，由毛某某驾驶货车（该车无运输化学危险废物资质）将 39.05 吨废汞触媒从东兴公司运出，2016 年 6 月 19 日行至洛宁县时倾倒至碧水源公司院内。在倾倒、存放过程中，部分废物包装破损，危险废物散落在地，现场未采取防护措施。

本案经过一审、二审，二审法院认为《国家突发环境事件应急预案》

第 6.2 条 "……突发环境事件应急处置所需经费首先由事件责任单位承担。县级以上地方人民政府对突发环境事件应急处置工作提供资金保障"的规定，突发环境事件应急处置所需经费首先由事件责任单位承担。本案中，乙方作为对危险废物进行运输、处置单位，其业务员张某某将废汞触媒指派给不具有运输危险废物资质的车辆进行运输，也没有核实是否由具有危险货物道路运输许可的企业承运，没有采取防扬散、防流失、防渗漏等措施；甲方作为废汞触媒的生产者，明知运输废汞触媒的车辆不具有运输危险废物资质，也没有核实是否由具有危险货物道路运输许可的企业承运，仍将危险废物交付运输；毛某某不具有危险化学品道路运输从业资格，驾驶不符合国家标准要求的安全技术条件的普通货车运输废汞触媒。根据《中华人民共和国侵权责任法》第 8 条 "二人以上共同实施侵权行为，造成他人损害的，应当承担连带责任" 以及第 13 条 "法律规定承担连带责任的，被侵权人有权请求部分或者全部连带责任人承担责任" 的规定，原审判决乙方、甲方、毛某某及张某某承担连带责任并无不当。

案例 4　上海市奉贤区环境保护局对海鼎良实业有限公司行政处罚案

上海市奉贤区环境保护局（以下简称奉贤区环保局）于 2016 年 12 月 17 日对海鼎良实业有限公司（以下简称鼎良公司）进行现场检查，发现鼎良公司从事危险品储存和经营，未办理环保审批手续和环保设施竣工验收手续，查明鼎良公司从事危险化学品储存生产项目，未向环保部门报批环境影响评价文件，配套环保设施未建成。依据《建设项目环境保护管理条例》（1998）第 28 条的规定，对鼎良公司罚款人民币 10 万元；收到决定书后，危险化学品储存生产项目立即停止生产。鼎良公司不服，诉至一审法院，请求撤销奉贤区环保局作出的被诉行政处罚决定。

本案经过一审和二审，二审法院认为《建设项目环境保护管理条例》（1998）第 6 条规定，国家实行建设项目环境影响评价制度；第 16 条规定，建设项目需要配套建设的环境保护设施，必须与主体工程同时设计、同时施工、同时投产使用。被上诉人奉贤区环保局作为环境保护行政主管部门具有作出被诉行政处罚决定的法定职权。上诉人存储的货物中包括香精类的挥发性有机物，会产生挥发性有机废气，上诉人存在未向环保部门报批环境影响评价文件，配套环保设施未建成等违法行为的事实。被上诉人根据《建设项目环境保护管理条例》（1998）的规定作出被诉行政处罚决定并无不当。

【法条指引】

中华人民共和国环境保护法（节录）

第四十一条　建设项目中防治污染的设施，应当与主体工程同时设计、同时施工、同时投产使用。防治污染的设施应当符合经批准的环境影响评价文件的要求，不得擅自拆除或者闲置。

第四十四条　国家实行重点污染物排放总量控制制度。重点污染物排放总量控制指标由国务院下达，省、自治区、直辖市人民政府分解落实。企业事业单位在执行国家和地方污染物排放标准的同时，应当遵守分解落实到本单位的重点污染物排放总量控制指标。

对超过国家重点污染物排放总量控制指标或者未完成国家确定的环境质量目标的地区，省级以上人民政府环境保护主管部门应当暂停审批其新增重点污染物排放总量的建设项目环境影响评价文件。

第四十五条　国家依照法律规定实行排污许可管理制度。

实行排污许可管理的企业事业单位和其他生产经营者应当按照排污许可证的要求排放污染物；未取得排污许可证的，不得排放污染物。

第四十七条　各级人民政府及其有关部门和企业事业单位，应当依照《中华人民共和国突发事件应对法》的规定，做好突发环境事件的风险控制、应急准备、应急处置和事后恢复等工作。

县级以上人民政府应当建立环境污染公共监测预警机制，组织制定预警方案；环境受到污染，可能影响公众健康和环境安全时，依法及时公布预警信息，启动应急措施。

企业事业单位应当按照国家有关规定制定突发环境事件应急预案，报环境保护主管部门和有关部门备案。在发生或者可能发生突发环境事件时，企业事业单位应当立即采取措施处理，及时通报可能受到危害的单位和居民，并向环境保护主管部门和有关部门报告。

突发环境事件应急处置工作结束后，有关人民政府应当立即组织评估事件造成的环境影响和损失，并及时将评估结果向社会公布。

第四十八条　生产、储存、运输、销售、使用、处置化学物品和含有放射性物质的物品，应当遵守国家有关规定，防止污染环境。

第四章

环境污染防治法

第一节　环境污染防治法概述

【规则要点】

环境污染的概念可以从环境危害的表现、引发环境污染现象的原因、主要污染物质和因素介入环境要素等多个角度进行界定。广义上的环境污染防治法，是指所有与预防和减少污染物排放、恢复和治理环境污染有关的法律的总称。排污许可证以及排污权交易制度在环境污染防治制度体系中具有十分重要的地位。

【理解与适用】

一、环境污染的概念

立法首次对环境污染概念作出完整表述的是 1978 年制定的《中华人民共和国宪法》，即"国家保护环境和自然资源，防治污染和其他公害"。1979 年制定《中华人民共和国环境保护法（试行）》时也以 1978 年宪法规定为依据，并将污染与其他公害在第 16 条列举为"工矿企业的和城市生活的废气、废水、废渣、粉尘、垃圾、放射性物质等有害物质和噪声、震动、恶臭等对环境的污染和危害"。

具体而言，当时立法上所谓的污染，一般认为属于诸多公害现象中反映为环境性状发生改变的一种危害，所以环境保护法（试行）第 16 条所列举的污染和危害现象均属于公害。

从环境危害的表现上可以区分为有形危害和无形危害两大类，习惯上一般将有形物质造成的环境危害视为污染、将无形物质或因素造成的环境危害视为公害。前者如废气、废水、废渣、粉尘、垃圾、放射性物质等，后者如噪声、震动、恶臭等。2014 年修订的环境保护法第 42 条第 1 款规定："排放污染物的企业事业单位和其他生产经营者，应当采取措施，防治在生产建设或者其他活动中产生的废气、废水、废渣、医疗废物、粉尘、恶臭气体、放射性物质以及噪声、振动、光辐射、电磁辐射等对环境的污染和危害。"与 1989 年环境保护法相比，这次修订仅增加了对医疗废物、光辐射等新型环境污染和危害的防治。

按照引发环境污染现象的不同原因，可以将环境污染分为物质流污染和能量流污染两大类。前者主要是物质进入环境所致，如大气污染、水污染等都属于物质流污染；而后者则主要是能量进入环境所致，如噪声与振动污染、放射性污染、电磁辐射污染以及光污染等都属于能量流污染。

根据中国环境污染防治法律对水污染、海洋环境污染损害、环境噪声污染、固体废物污染以及放射性污染等所下的定义，结合 OECD 环境委员会对环境污染定义所作的总体描述，所谓"环境污染"具有以下几方面的特征：（1）须伴随人类活动产生；（2）须为物质、能量从一定的设施设备向外界排放或泄露；（3）须以环境为媒介；（4）须出现环境质量下降或造成国家或者其他主体合法权益受到侵害的结果。

污染物，是指以高于天然浓度和一定滞留时间存在于环境中，从而影响环境的正常组成和性质，对人、生物及社会物质财富等造成直接或间接有害效应的物质。在环境科学上，一般将导致环境污染的物质分为一次污染物和二次污染物。其中，由污染源直接排入环境，其物理和化学性状未发生变化的污染物称为一次污染物（也称原发性污染物）；排放进入环境中的一次污染物在物理、化学或生物因素的作用下发生变化，或与环境中的其他物质发生反应所形成的物理、化学性状与一次污染物不同的新污染物称为二次污染物（也称继发性污染物）。

根据上述主要污染物质和因素介入环境要素的不同，可以将污染类型分为大气污染、水质污染、海洋环境污染、土壤污染等；根据污染物的特性将它们分为生物污染、化学污染、物理污染及放射性污染等；还可以根据污染物质和因素的形态，将它们分为废气污染、废水污染和固体废物污染以及光照妨害噪声（振动）污染（妨害）和电磁波辐射污染等。

二、环境污染防治法及其制度体系

（一）环境污染防治法的概念

环境污染防治法也称污染控制法、污染预防法或公害规制法。环境污染防治法有广义和狭义之分，广义上的环境污染防治法，是指所有与预防和减少污染物排放、恢复和治理环境污染有关的法律的总称。而狭义上的环境污染防治法，特指以污染因子控制为目的的法律。

目前，已制定的涉及环境污染防治有关的单行法律主要有《中华人民共和国水污染防治法》、《中华人民共和国大气污染防治法》、《中华人民共和国海洋环境保护法》、《中华人民共和国环境噪声污染防治法》、《中华人民共和国放射性污染防治法》、《中华人民共和国固体废物污染环境防治法》、《中华人民共和国清洁生产促进法》和《中华人民共和国循环经济促进法》等，其他在环境污染防治方面较为重要的还有针对化学品安全、农药使用、电磁辐射等控制和管理的行政法规和部门规章以及相关的环境标准。上述这些法律、法规、规章和标准还分别用于恶臭、振动、土壤污染、地面沉降、有害物质控制等领域。

（二）环境污染防治法的制度体系

1. 环境污染防治法的分类

按照法的目的、法的控制对象以及控制方法和手段等的不同，结合中国相关立法的称谓，环境污染防治法具体分为物质流污染防治法和能量流污染防治法两大类。

从环境污染的产生和发展机理看，物质或者能量从发生直至造成危害一般要经过以下四个过程：

第一，污染物质或致害能量从一定的设施、设备和装置（发生源）散发或排出；

第二，污染物质或致害能量在环境中扩散，某些污染物质还会在环境要素中积累或沉积；

第三，污染物质或致害能量致环境发生物理、化学、生态或其他环境特性的改变导致环境质量下降或者直接造成国家财产或者公民合法权益的侵害；

第四，污染物质或致害能量最终到达受体即环境与生态破坏并造成国家财产或者公民合法权益的侵害。

环境污染防治法的直接目标是防止和减少污染物质和致害能量向环境的排放，以避免环境污染和生态破坏的出现。所以控制污染物质或致害能量向环境的无序排放是环境污染防治法的根本任务。

2. 环境污染防治法的制度设计与制度流程

由于环境污染的产生和发展机理基本相同，因此不论是对物质流污染的防治还是对能量流污染的控制，在总体上有关法律制度和措施的安排和运用基本相同。为此，环境污染防治法所确立的法律控制措施也必须与上述环境污染的产生和发展规律相结合。其确立法律制度的基本思路在于：首先，应当针对环境质量状况的现实条件和需要，明确该环境区域是否允许污染物质和致害能量，或者在何种程度上允许哪些污染物质和致害能量的散发和排放；其次，对产生污染物质和致害能量的发生源采取应对和控制措施，使污染物质和致害能量的散发和排放符合行政上的规定与要求；再次，针对环境的临界负荷和环境容量，确定对经行政许可散发和排放污染物质和致害能量的环境采取何种程度的恢复、治理措施；最后，对可能发生的污染事故、事后的污染损害等确立相应的补救或救济措施。

因此，在环境污染防治法律制度及其运行机制的设计安排上也有其固有的特征。综合环境保护法和其他单项环境污染防治法律的规定，环境保护法的基本制度和单项环境污染防治的共同性法律制度会贯穿于环境污染防治的全过程。

首先，由政府与经济、环保等部门在宏观决策环节将经济、社会发展与环境保护相协调。主要制度包括：

（1）各级政府及其环境资源主管部门应当按照国民经济和社会发展规划纲要编制环境与资源保护的规划并逐步实施；

（2）政府应当结合主体功能区规划、土地利用总体规划和城乡规划以及环境质量标准等要求划定环境功能区划；

（3）政府和有关部门在对编制的各类涉及开发利用环境行为的综合性规划或者专项规划进行环境影响评价后组织实施。

其次，由生态环境部门和其他负有环保监管职责的部门在中观决策环节对新建、改建、扩建的建设项目和其他产业投资项目进行审查。主要制度和措施包括：

（1）生态环境部门和负有环保监管职责的部门应当确定各类环境标准的适用范围和数值指标，并在此基础上要求新建、改建和扩建项目依照各类规划的要求选址和项目设计，并实行环境影响评价以确定污染物质或致害能量排放、散发的最大允许数值或者控制指标，禁止使用政府明令淘汰或者限期淘汰的严重污染环境的落后生产工艺和设备；

（2）在各类项目建设和建成使用的过程中，建设单位必须执行环境保护"三同时"制度及其竣工验收要求；

（3）排放污染物的企业事业单位，应当建立环境保护责任制度，明确单位负责人和相关人员的责任；

（4）重点排污单位应当按照国家有关规定和监测规范安装使用监测设备，保证监测设备正常运行，保存原始监测记录。

最后，由生态环境部门及其委托的环境监察机构或其他依法行使环境监督管理权的部门实施微观执法。主要制度和措施包括：

（1）实行排污许可管理的企业事业单位和其他生产经营者，应当在取得排污许可证以后才能按照要求向环境排放污染物质，自行对污染源进行监测并将数据向生态环境部门报告；在国家实行重点污染物排放总量控制制度的地方，企业事业单位在执行国家和地方污染物排放标准的同时，应当在分解落实到本单位的重点污染物排放总量控制指标内排污；

（2）企业事业单位和其他生产经营者应当接受生态环境部门及其委托的环境监察部门和其他依法行使环境监督管理部门的现场检查和监督监测；就其污染物的排放按照法律法规的规定与核定的数额缴纳相应的排污费或者按照排污总量缴纳费用；

（3）在发生或者可能突发环境污染事件时，排污单位、污染物质或致害能量的所有者与经营者还必须立即采取措施，及时通报可能受到污染危害的单位和居民并向环保等部门报告和接受调查处理。

因此，环境污染防治法律制度的确立过程，实际上也是决定如何将环境保护法基本制度运用于环境污染防治法的过程。不过，因各单项污染要素和有害因素等在具体迁移转变规律上、控制对策手段上以及致害特性上存在着一定的差别，故而在各单项环境污染防治法律的具体对策措施上还存在着不同之处。

（三）排污交易及其在中国的实践

1. 排污权的概念

排污权是一个狭义的概念，特指经生态环境部门许可、排污者以污染物排放控制标准为限向环境排放污染物的权利。在污染物排放领域，排污者经法定程序由生态环境部门许可取得的排污权，属于生态环境部门依法解除一般法律禁止行为的结果，而非实质意义上的宪法权利。

排污交易，是指在保持一定区域（水域）内污染物排放总量不变的条件下，该区域（水域）内一方排污者将其部分或者全部排污权出售给另一方排污者的行为。

排污交易制度源于美国，它是在对污染物排放实行浓度控制方式仍不能满足环境需求的背景下产生的。

2. 排污许可证与污染物排放

中国从 20 世纪 80 年代以来开始在部分地方推行排污许可证制度。2000 年大气污染防治法和 2008 年水污染防治法相继规定了排污许可证制度的适用对象和条件，从而逐步实现了污染物排放自法律规定超标排污合法到法律规定超标排污违法的过渡。此前，只要排污企业向生态环境部门申报登记其排放污染物的种类、浓度和数量，就可以向环境排放污染物；超标排污的话，只要缴纳超标排污费也可以依法认定其行为合法。而在大气和水污染防治领域实行排污许可证管理以后，法律规定向环境排放污染物必须取得许可证，按照排污许可证的要求排放污染物，否则为违法排污行为。

实施排污许可证对生态环境部门实施环境监督管理有着很高的要求：首先，生态环境部门应当了解本地区的环境容量，并根据环境质量标准和污染物排放标准的要求计算某个区域（流域）所有污染物的最大排放量；其次，按照环境影响报告书所确认企业各项污染物的排放量分配其达标排放污染物的排污量，并将其排放范围、项目与指标、排污量的要求及其核定方法等重要事项记载在许可证上并向排污企业发放；最后，由排污企业自行监测污染源并向生态环境部门报告污染物排放情况，生态环境部门也应当依法对企业污染源进行监督检查。

不论实行何种排污许可证，对污染物进行控制的方式主要有浓度控制方式和总量控制方式两大类。

（1）浓度控制方式

污染物的浓度，是指单位容积物体内所包含的污染物质以及有毒有害物质的数值（数量）。所谓浓度控制，是指在对污染物排放实施控制的手段上，主要以污染物的浓度作为控制对象的一种污染物排放的控制方法。这种方法是以污染物排放标准为依据，要求排污者将其排放的各项污染物质的浓度控制在一定的数值以内，通常是让企业被动地遵守排放标准的义务来完成。

浓度控制方式的优点是适用对象广、计算方法简单、易操作。然而，这种针对排放管口的浓度控制方式在实施中也显现出以下不合理之处：首先，只要排污不超标即为合法，若没有更大的利益驱动，排污者不会注重更新生产技术和设备减少排污，一些企业甚至通过稀释污染物的方法向环境排污。其次，即使所有排污者均遵守法律义务，使单个排放管口的污染物排放均符合排放标准的要求，但受环境容量的限制，当排入环境中所有污染物的总量超过环境的自净能力时，同样会导致环境质量的破坏而发生环境污染事件。

在这种背景下，作为对浓度控制方式的补充，污染物排放的总量控制方式应运而生。

（2）总量控制方式

所谓总量，是指在一定区域环境内，可满足环境容量需要的污染物质以及有毒有害物质的全部数量。与环境容量相比，总量是以定量化的数值来表示的，而环境容量则是满足某环境要素质量目标条件下污染物的最大量。

所谓总量控制，就是在对环境可以容纳污染物质以及有毒有害物质的全部数量予以定量化的基础上，对排污者的污染物排放进行定量控制的方法。总量控制的施行须以一定区域内的环境容量和污染物排放的总量为前提，方法是由生态环境部门在确定一定区域环境容量的基础上，对环境内可以容纳的污染物的总量事先予以确定。然后将这个总量分为若干份按照一定的标准分配给申报许可的排污者，排污者有权在排污总量配额的范围内向环境排污。

3. 排污交易的方法和许可转让

排污交易制度中既包含市场调节因素，又有行政管制因素介入，是一种政府间接管制下的不完全的市场行为，是在环境保护领域出现的以市场方法修正法律的直接管制方法。

如果排污者通过技术改造等手段减少了污染物的排放，便可以将节余的排放量予以存放以便今后扩大生产规模时使用，也可以通过排污交易市场出让给其他污染物排放量较大的企业或者拟在该总量控制区域内新设立的排污者。这样，不仅企业可以自主地根据市场决定生产规模和污染物排放量，而且生态环境部门只需要对污染物的排放总量实行控制就可以达到环境管理的目的。

由于排污者对节余排放量可以通过市场交易获利，同时须将该部分排污权转移给购买的企业，因此就存在着排污交易并经生态环境部门予以许可的问题。总结各国排污交易中许可转让的实践，具有代表性的排污交易实践主要有以下三种：互补式排污交易制度、价格式排污交易制度、清洁发展机制。

与国内实施的排污交易不同，清洁发展机制是由《联合国气候变化框架公约的京都议定书》确立的在发达国家与发展中国家之间实施的排污交易方式。具体做法是，经《联合国气候变化框架公约》秘书处确认，由发达国家出资在发展中国家设立减排温室气体合作项目，将项目实施后的减排总量的一部分折抵发达国家依照公约规定应当削减的减排量。2010 年，经国务院批准财政部等部委联合发布了《中国清洁发展机制基金管理办法》，以统筹实施应对气候变化国家方案，对中国与发达国家合作开展清洁发展机制进行管理。

4. 中国国内排污交易的法律实践

1988 年 3 月原国家环保局发布了《水污染物排放许可证管理暂行办法》，尝试在对水污染领域重点污染源和重点污染物试行排放许可制，为逐步实施水污染物排放总量控制制度摸索经验。但由于 2008 年修订前的水污染防治法和 2000 年修订前的大气污染防治法对污染物排放规定实行浓度控制并允许企业超标排污，因此建立在总量控制基础上的排污交易一直未能全面实施。直至上述二法分别修订并确立了重点污染物排放的总量控制和禁止超标排污实施以后，中国的排污交易法律实践才重新开始。

依照现行水污染防治法和大气污染防治法规定，国务院和省级人民政府对尚未达到规定的水或大气环境质量标准的区域以及国务院批准划定的酸雨控制区、二氧化硫污染控制区，可以划定为主要水或大气污染物排放总量控制区，实行水或大气污染物的排放总量控制（核定）制度。对于水或大气的排污权是否可以交易，授权国务院在具体实施条例中制定。

2014 年修订通过的环境保护法确立了重点污染物排放总量控制制度。重点污染物排放总量控制制度，是指通过向一定地区和排污单位分配特定污染物排放量指标，将一定地区和排污单位产生的特定污染物数量控制在规定限度内的污染物控制方式及其管理规范的总称。环境保护法第 44 条规定："……重点污染物排放总量控制指标由国务院下达，省、自治区、直辖市人民政府分解落实。企业事业单位在执行国家和地方污染物排放标准的同时，应当遵守分解落实到本单位的重点污染物排放总量控制指标。……"通常情况下，省、自治区、直辖市人民政府将国务院下达的重点污染物排放总量控制指标分解落实到各市、县人民政府，各市、县人民政府再将其分解落实到排污单位，由其直接承担重点污染物排放的总量削减和控制任务。

目前，中国已经对水污染物和大气污染物实施了重点污染物排放的总量控制制度，具体哪些污染物属于重点污染物则由国务院规定。例如，化学需氧量、二氧化硫、氨氮与氮氧化物等。

如今，中国已依法在部分区域实行污染物排放总量控制制度。对总量的确定并非依据环境容量，而是按照区域内某污染物排放的总量。具体做法是，先由政府在环境保护规划中确定计划期内的减排总量和削减计划，如要求某一区域内二氧化硫的排放在 5 年间减排原排放总量的 20%，然后将该 20% 的减排总量按比例分解到各个企业。在这些区域内，目前正在试行水或大气的排污交易制度。但是，有关排污总量的初始分配、定价机制、交易规则、违约责任、税费政策、监管程序以及配套节能等规则尚不完善。

根据《中华人民共和国行政许可法》的规定，除法律、法规规定外，依法取得的行政许可不得转让。2014 年 8 月国务院办公厅印发了《关于进一步推进排污权有偿使用和交易试点工作的指导意见》，将"排污权"定义为"排污单位经核定、允许其排放污染物的种类和数量"。

该意见指出，从 2007 年以来在中国 11 个省（区、市）开展排污权有偿使用和交易试点的基础上，初步确立了全国统一的排污权有偿使用和交易制度。具体方法是：第一，按照国家确定的污染物（应为国家作为约束性指标进行总量控制的污染物）减排要求，将污染物总量控制指标分解到基层；第二，由地方生态环境部门按污染源管理权限核定现有排污单位的排污权，以后原则上每5年核定一次；第三，排污单位在缴纳使用费后获得排污权或通过交易获得排污权，在规定期限内拥有对其使用、转让和抵押等权利；第四，试点地区可以采取定额出让、公开拍卖方式出让排污权；第五，排污权使用费由地方生态环境部门按照污染源管理权限收取，全额缴入地方国库，纳入地方财政预算管理。

【风险提示】

对超过国家重点污染物排放总量控制指标或者未完成国家确定的环境质量目标的地区，省级以上人民政府生态环境部门应当暂停审批其新增重点污染物排放总量的建设项目环境影响评价文件；对企业事业单位和其他生产经营者超过污染物排放标准或者超过重点污染物排放总量控制指标排放污染物的，生态环境部门可以责令其采取限制生产、停产整治等措施；情节严重的，报经有批准权的人民政府批准，责令停业、关闭；对排污单位、污染物质或致害能量的所有者与经营者通过暗管、渗井、渗坑、灌注或者篡改、伪造监测数据，或者不正当运行防治污染设施等逃避监管的方式违法排放污染物的，给予行政处罚；对造成环境严重污染的还应当追究刑事责任。如果向环境排放、散发污染物质或致害能量造成自然生态破坏、国家自然资源损失或者其他主体合法权益侵害的，排污单位还应当承担相应的民事责任。

【相关案例】

如东县联丰化工有限公司与如东县环境保护局、
南通市环境保护局行政再审案

如东县联丰化工有限公司（以下简称联丰公司）系经过相关行政部门批准，从事亚磷酸项目生产、销售的企业。接群众举报，如东县环境保护局（以下简称如东环保局）对联丰公司进行检查，发现联丰公司正在进行亚磷酸项目生产，而废气处理设施的引风机电机损坏，废气处理设施停运。如东县环境监测站出具监测报告结果显示，联丰公司厂界下风向采集的气样浓度超过《恶臭污染物排放标准》，如东环保局制作了《责令停产整治告知书》，并于当日送达。2015 年 6 月 15 日，如东环保局作出行政责令停产整治决定书，责令联丰公司停产整治。2015 年 8 月 4 日，联丰公司向南通市环境保护局（以下简称南通环保局）申请行政复议。南通环保局作出行政复议决定书，维持了原决定。

　　本案经过行政复议、一审、二审和再审，再审法院认为，本案被诉的是如东环保局作出决定和南通环保局作出的复议决定的行政行为。环境保护法第 60 条规定："企业事业单位和其他生产经营者超过污染物排放标准或者超过重点污染物排放总量控制指标排放污染物的，县级以上人民政府环境保护主管部门可以责令其采取限制生产、停产整治等措施；情节严重的，报经有批准权的人民政府批准，责令停业、关闭。"据此，如东环保局作出决定事实清楚，程序合法，适用法律正确。南通环保局依法受理复议申请后，依照法定程序向如东环保局发出了行政复议答复通知书，在法定期限内作出行政复议决定书并依法送达，程序上符合法律规定。故驳回如东县联丰化工有限公司的再审申请。

【法条指引】

中华人民共和国环境保护法（节录）

　　第四十四条　国家实行重点污染物排放总量控制制度。重点污染物排放总量控制指标由国务院下达，省、自治区、直辖市人民政府分解落实。企业事业单位在执行国家和地方污染物排放标准的同时，应当遵守分解落实到本单位的重点污染物排放总量控制指标。

　　对超过国家重点污染物排放总量控制指标或者未完成国家确定的环境质量目标的地区，省级以上人民政府环境保护主管部门应当暂停审批其新增重点污染物排放总量的建设项目环境影响评价文件。

　　第四十五条　国家依照法律规定实行排污许可管理制度。

　　实行排污许可管理的企业事业单位和其他生产经营者应当按照排污许可证的要求排放污染物；未取得排污许可证的，不得排放污染物。

第二节　物质流污染防治法律制度

【规则要点】

物质流污染是环境污染和生态破坏的主要来源和原因。对物质流污染的防治既包括对物质（含污染物和有害物质等）本身的排放和使用控制，也包括对利用物质行为的管理。从物质流污染的类别看，它们既包括企业生产排污致环境要素污染，也包括化学物质使用固体废物处理所造成的环境污染；物质流污染防治法律制度既包括对物质进入环境的全过程实行控制，也包括对物质循环利用的管理。

第三节　大气污染防治法

【规则要点】

大气污染的来源主要分为固定污染源和移动污染源两类。前者是指工农业生产、生活活动中由设备装置、燃料燃烧设施和固定操作作业等向大气排放的污染物；后者主要包括机动车船等交通运输工具在运行时向大气排放的污染物。

【理解与适用】

一、大气污染防治的一般规定

大气污染，一般指大气因某种物质的介入，导致其化学、物理、生物或者放射性等方面特性发生改变，从而影响大气的有效利用，危害人体健康或财产安全，以及破坏自然生态系统、造成大气质量恶化的现象。

大气污染的来源主要分为固定污染源和移动污染源两类。前者是指工农业生产、生活活动中由设备装置、燃料燃烧设施和固定操作作业等向大气排放的污染物;后者主要包括机动车船等交通运输工具在运行时向大气排放的污染物。

中国是一个以燃煤为主要能源的国家,所以燃煤是形成中国大气煤烟型污染的主要原因。此外,伴随人民生活水平的提高,机动车的发展也很迅速,也已成为大中城市主要大气污染物的来源。

在中国,大气污染防治工作最早是从对工矿企业劳动场所的环境卫生保护和职业病防护开始的。20世纪70年代中国曾制定了《工业"三废"排放试行标准》和《工业企业设计卫生标准》,以标准的形式对大气污染物的排放作出了定量规定。1987年9月,颁布首部大气污染防治法,对防治大气污染的一般原则、监督管理、防治烟尘污染、防治废气、粉尘和恶臭污染、法律责任等方面作出了规定。1995年8月,中国对大气污染防治法进行了第一次修改,针对燃煤实行了酸雨控制区或二氧化硫污染控制区划定制度。针对机动车排放污染物的比重日益增多以及一些特大城市氮氧化物成为影响大气质量的首要污染物,2000年4月,中国对大气污染防治法进行了第二次修改,加强了机动车污染防治,实行禁止超标排污和重点大气污染物排放总量控制和许可制度。2015年对大气污染防治法进行了进一步的修订,加强了大气污染防治力度。

依照大气污染防治法规定,国务院环境保护主管部门会同国务院有关部门,按照国务院的规定,对省、自治区、直辖市大气环境质量改善目标、大气污染防治重点任务完成情况进行考核。省、自治区、直辖市人民政府制定考核办法,对本行政区域内地方大气环境质量改善目标、大气污染防治重点任务完成情况实施考核。考核结果应当向社会公开。县级以上人民政府环境保护主管部门对大气污染防治实施统一监督管理。县级以上人民政府其他有关部门在各自职责范围内对大气污染防治实施监督管理。

二、防治燃煤产生的大气污染

(一)减少燃煤产生的污染物
具体措施包括:

国家推行煤炭洗选加工,降低煤炭的硫分和灰分,限制高硫分、高灰分煤炭的开采。新建煤矿应当同步建设配套的煤炭洗选设施,使煤炭的硫分、灰分含量达到规定标准;已建成的煤矿除所采煤炭属于低硫分、低灰分或者根据已达标排放的燃煤电厂要求不需要洗选的以外，应当限期建成配套的煤炭洗选设施。禁止开采含放射性和砷等有毒有害物质超过规定标准的煤炭。违反规定，煤矿未按照规定建设配套煤炭洗选设施的，由县级以上人民政府能源主管部门责令改正，处10万元以上100万元以下的罚款；拒不改正的，报经有批准权的人民政府批准，责令停业、关闭。违反规定，开采含放射性和砷等有毒有害物质超过规定标准的煤炭的，由县级以上人民政府按照国务院规定的权限责令停业、关闭。

调整能源结构，推广清洁能源的生产和使用；优化煤炭使用方式，推广煤炭清洁高效利用，逐步降低煤炭在一次能源消费中的比重，减少煤炭生产、使用、转化过程中的大气污染物排放。

城市人民政府可以划定并公布高污染燃料禁燃区，并根据大气环境质量改善要求，逐步扩大高污染燃料禁燃区范围。高污染燃料的目录由国务院环境保护主管部门确定。在禁燃区内，禁止销售、燃用高污染燃料；禁止新建、扩建燃用高污染燃料的设施，已建成的，应当在城市人民政府规定的期限内改用天然气、页岩气、液化石油气、电或者其他清洁能源。

城市建设应当统筹规划，在燃煤供热地区，推进热电联产和集中供热。在集中供热管网覆盖地区，禁止新建、扩建分散燃煤供热锅炉；已建成的不能达标排放的燃煤供热锅炉，应当在城市人民政府规定的期限内拆除。县级以上人民政府质量监督部门应当会同环境保护主管部门对锅炉生产、进口、销售和使用环节执行环境保护标准或者要求的情况进行监督检查；不符合环境保护标准或者要求的，不得生产、进口、销售和使用。

国家大气污染防治重点区域内新建、改建、扩建用煤项目的，应当实行煤炭的等量或者减量替代。

（二）对普通大气污染物排放实行标准管制

在中国国家大气环境标准体系中，《环境空气质量标准》（GB3095—2012）是大气环境标准体系的核心，自2016年1月1日起在全国实施，适用于全国范围的环境空气质量评价。

该标准将环境空气质量功能区分为两类，一类区为自然保护区、风景名胜区和其他需要特殊保护的区域；二类区为居住区、商业交通居民混合区、文化区、工业区和农村地区。与之相适应，该标准将环境空气质量标准分为二级，一类区执行一级标准、适用一级浓度限值，二类区执行二级标准、适用二级浓度限值。

除环境空气质量标准外，《大气污染物综合排放标准》（GB16297—1996）是国家大气污染物排放标准中较为重要的综合性排放标准。该标准主要依据环境空气质量标准制定，对33种大气污染物的排放限值即最高允许排放浓度、最高允许排放速率和无组织排放监控浓度限值作出了具体规定。依照该标准的解释，在控制大气污染物排放方面，除该标准为国家综合性排放标准外，还有若干行业性排放标准共同存在。即除若干行业执行各自的行业性国家大气污染物排放标准外，其余均执行该标准。

三、防治机动车船排放污染

中国倡导低碳、环保出行，根据城市规划合理控制燃油机动车保有量，大力发展城市公共交通，提高公共交通出行比例。

机动车船、非道路移动机械不得超过标准排放大气污染物。禁止生产、进口或者销售大气污染物排放超过标准的机动车船、非道路移动机械。机动车、非道路移动机械生产企业应当对新生产的机动车和非道路移动机械进行排放检验。经检验合格的，方可出厂销售。检验信息应当向社会公开。省级以上人民政府环境保护主管部门可以通过现场检查、抽样检测等方式，加强对新生产、销售机动车和非道路移动机械大气污染物排放状况的监督检查。

在用机动车应当按照国家或者地方的有关规定，由机动车排放检验机构定期对其进行排放检验。经检验合格的，方可上道路行驶。未经检验合格的，公安机关交通管理部门不得核发安全技术检验合格标志。县级以上地方人民政府环境保护主管部门可以在机动车集中停放地、维修地对在用机动车的大气污染物排放状况进行监督抽测；在不影响正常通行的情况下，可以通过遥感监测等技术手段对在道路上行驶的机动车的大气污染物排放状况进行监督抽测，公安机关交通管理部门予以配合。

机动车生产、进口企业应当向社会公布其生产、进口机动车车型的排放检验信息、污染控制技术信息和有关维修技术信息。机动车维修单位应当按照防治大气污染的要求和国家有关技术规范对在用机动车进行维修，使其达到规定的排放标准。交通运输、环境保护主管部门应当依法加强监督管理。禁止机动车所有人以临时更换机动车污染控制装置等弄虚作假的方式通过机动车排放检验。禁止机动车维修单位提供该类维修服务。禁止破坏机动车车载排放诊断系统。

建立机动车和非道路移动机械环境保护召回制度。生产、进口企业获知机动车、非道路移动机械排放大气污染物超过标准，属于设计、生产缺陷或者不符合规定的环境保护耐久性要求的，应当召回；未召回的，由国务院质量监督部门会同国务院环境保护主管部门责令其召回。在用重型柴油车、非道路移动机械未安装污染控制装置或者污染控制装置不符合要求，不能达标排放的，应当加装或者更换符合要求的污染控制装置。在用机动车排放大气污染物超过标准的，应当进行维修；经维修或者采用污染控制技术后，大气污染物排放仍不符合国家在用机动车排放标准的，应当强制报废。其所有人应当将机动车交售给报废机动车回收拆解企业，由报废机动车回收拆解企业按照国家有关规定进行登记、拆解、销毁等处理。鼓励和支持高排放机动车船、非道路移动机械提前报废。

船舶检验机构对船舶发动机及有关设备进行排放检验。经检验符合国家排放标准的，船舶方可运营。内河和江海直达船舶应当使用符合标准的普通柴油。远洋船舶靠港后应当使用符合大气污染物控制要求的船舶用燃油。新建码头应当规划、设计和建设岸基供电设施；已建成的码头应当逐步实施岸基供电设施改造。船舶靠港后应当优先使用岸电。国务院交通运输主管部门可以在沿海海域划定船舶大气污染物排放控制区，进入排放控制区的船舶应当符合船舶相关排放要求。

禁止生产、进口、销售不符合标准的机动车船、非道路移动机械用燃料；禁止向汽车和摩托车销售普通柴油以及其他非机动车用燃料；禁止向非道路移动机械、内河和江海直达船舶销售渣油和重油。发动机油、氮氧化物还原剂、燃料和润滑油添加剂以及其他添加剂的有害物质含量和其他大气环境保护指标，应当符合有关标准的要求，不得损害机动车船污染控制装置效果和耐久性，不得增加新的大气污染物排放。

积极推进民用航空器的大气污染防治，鼓励在设计、生产、使用过程中采取有效措施减少大气污染物排放。民用航空器应当符合国家规定的适航标准中有关发动机排出物要求。

四、扬尘污染防治

在扬尘污染防治方面，建设单位应当将防治扬尘污染的费用列入工程造价，并在施工承包合同中明确施工单位扬尘污染防治责任。施工单位应当制定具体的施工扬尘污染防治实施方案。从事房屋建筑、市政基础设施建设、河道整治以及建筑物拆除等施工单位，应当向负责监督管理扬尘污染防治的主管部门备案。施工单位应当在施工工地设置硬质围挡，并采取覆盖、分段作业、择时施工、洒水抑尘、冲洗地面和车辆等有效防尘降尘措施。建筑土方、工程渣土、建筑垃圾应当及时清运；在场地内堆存的，应当采用密闭式防尘网遮盖。工程渣土、建筑垃圾应当进行资源化处理。施工单位应当在施工工地公示扬尘污染防治措施、负责人、扬尘监督管理主管部门等信息。暂时不能开工的建设用地，建设单位应当对裸露地面进行覆盖；超过3个月的，应当进行绿化、铺装或者遮盖。

运输煤炭、垃圾、渣土、砂石、土方、灰浆等散装、流体物料的车辆应当采取密闭或者其他措施防止物料遗撒造成扬尘污染，并按照规定路线行驶。装卸物料应当采取密闭或者喷淋等方式防治扬尘污染。城市人民政府应当加强道路、广场、停车场和其他公共场所的清扫保洁管理，推行清洁动力机械化清扫等低尘作业方式，防治扬尘污染。

贮存煤炭、煤矸石、煤渣、煤灰、水泥、石灰、石膏、砂土等易产生扬尘的物料应当密闭；不能密闭的，应当设置不低于堆放物高度的严密围挡，并采取有效覆盖措施防治扬尘污染。码头、矿山、填埋场和消纳场应当实施分区作业，并采取有效措施防治扬尘污染。

【法条指引】

中华人民共和国大气污染防治法（节录）

第二条 防治大气污染，应当以改善大气环境质量为目标，坚持源头治理，规划先行，转变经济发展方式，优化产业结构和布局，调整能源结构。

防治大气污染，应当加强对燃煤、工业、机动车船、扬尘、农业等大气污染的综合防治，推行区域大气污染联合防治，对颗粒物、二氧化硫、氮氧化物、挥发性有机物、氨等大气污染物和温室气体实施协同控制。

第四条 国务院生态环境主管部门会同国务院有关部门，按照国务院的规定，对省、自治区、直辖市大气环境质量改善目标、大气污染防治重点任务完成情况进行考核。省、自治区、直辖市人民政府制定考核办法，对本行政区域内地方大气环境质量改善目标、大气污染防治重点任务完成情况实施考核。考核结果应当向社会公开。

第四节　水污染防治法

【规则要点】

水污染，是指水体因某种物质的介入，而导致其化学、物理、生物或者放射性等方面特性的改变，从而影响水的有效利用，危害人体健康或者破坏生态环境，造成水质恶化的现象。水污染防治法规定了一系列的水污染防治措施以及对水污染事故的处置措施。

【理解与适用】

一、概述

污染源主要有两种来源形式，一种是"点源"，主要是指工业污染源和生活污染源，其中包括工业废水、城市生活污水等；另一种是"面源"，主要是指农村污水和灌溉水；此外，还有因地质溶解以及降水对大气的淋洗所导致的水体污染。

水污染防治法规定，县级以上人民政府环境保护主管部门对水污染防治实施统一监督管理。海事管理机构对船舶污染水域的防治实施监督管理。县级以上人民政府水行政、国土资源、卫生、建设、农业、渔业等部门以及重要江河、湖泊的流域水资源保护机构，在各自的职责范围内，对有关水污染防治实施监督管理。水污染防治应当坚持预防为主、防治结合、综合治理的原则，优先保护饮用水水源，严格控制工业污染、城镇生活污染，防治农业面源污染，积极推进生态治理工程建设，预防、控制和减少水环境污染和生态破坏。

二、水污染防治的措施

1. 水污染防治的一般规定

国务院环境保护主管部门应当会同国务院卫生主管部门，根据对公众健康和生态环境的危害和影响程度，公布有毒有害水污染物名录，实行风险管理。排放上述规定名录中所列有毒有害水污染物的企业事业单位和其他生产经营者，应当对排污口和周边环境进行监测，评估环境风险，排查环境安全隐患，并公开有毒有害水污染物信息，采取有效措施防范环境风险。

禁止向水体排放油类、酸液、碱液或者剧毒废液。禁止在水体清洗装贮过油类或者有毒污染物的车辆和容器。禁止向水体排放、倾倒放射性固体废物或者含有高放射性和中放射性物质的废水。向水体排放含低放射性物质的废水，应当符合国家有关放射性污染防治的规定和标准。向水体排放含热废水，应当采取措施，保证水体的水温符合水环境质量标准。含病原体的污水应当经过消毒处理；符合国家有关标准后，方可排放。禁止向水体排放、倾倒工业废渣、城镇垃圾和其他废弃物。禁止将含有汞、镉、砷、铬、铅、氰化物、黄磷等的可溶性剧毒废渣向水体排放、倾倒或者直接埋入地下。禁止在江河、湖泊、运河、渠道、水库最高水位线以下的滩地和岸坡堆放、存贮固体废弃物和其他污染物。存放可溶性剧毒废渣的场所，应当采取防水、防渗漏、防流失的措施。禁止利用渗井、渗坑、裂隙、溶洞，私设暗管，篡改、伪造监测数据，或者不正常运行水污染防治设施等逃避监管的方式排放水污染物。

化学品生产企业以及工业集聚区、矿山开采区、尾矿库、危险废物处置场、垃圾填埋场等的运营、管理单位，应当采取防渗漏等措施，并建设地下水水质监测井进行监测，防止地下水污染。加油站等的地下油罐应当使用双层罐或者采取建造防渗池等其他有效措施，并进行防渗漏监测，防止地下水污染。禁止利用无防渗漏措施的沟渠、坑塘等输送或者存贮含有毒污染物的废水、含病原体的污水和其他废弃物。

兴建地下工程设施或者进行地下勘探、采矿等活动，应当采取防护性措施，防止地下水污染。报废矿井、钻井或者取水井等，应当实施封井或者回填。

2. 工业水污染防治

国务院有关部门和县级以上地方人民政府应当合理规划工业布局，要求造成水污染的企业进行技术改造，采取综合防治措施，提高水的重复利用率，减少废水和污染物排放量。排放工业废水的企业应当采取有效措施，收集和处理产生的全部废水，防止污染环境。含有毒有害水污染物的工业废水应当分类收集和处理，不得稀释排放。工业集聚区应当配套建设相应的污水集中处理设施，安装自动监测设备，与环境保护主管部门的监控设备联网，并保证监测设备正常运行。向污水集中处理设施排放工业废水的，应当按照国家有关规定进行预处理，达到集中处理设施处理工艺要求后方可排放。

对严重污染水环境的落后工艺和设备实行淘汰制度。国务院经济综合宏观调控部门会同国务院有关部门，公布限期禁止采用的严重污染水环境的工艺名录和限期禁止生产、销售、进口、使用的严重污染水环境的设备名录。生产者、销售者、进口者或者使用者应当在规定的期限内停止生产、销售、进口或者使用列入上述规定的设备名录中的设备。工艺的采用者应当在规定的期限内停止采用列入上述工艺名录中的工艺。依照规定被淘汰的设备，不得转让给他人使用。

禁止新建不符合国家产业政策的小型造纸、制革、印染、染料、炼焦、炼硫、炼砷、炼汞、炼油、电镀、农药、石棉、水泥、玻璃、钢铁、火电以及其他严重污染水环境的生产项目。企业应当采用原材料利用效率高、污染物排放量少的清洁工艺，并加强管理，减少水污染物的产生。

3. 城镇水污染防治

水污染防治法规定，城镇污水应当集中处理。县级以上地方人民政府应当通过财政预算和其他渠道筹集资金，统筹安排建设城镇污水集中处理设施及配套管网，提高本行政区域城镇污水的收集率和处理率。国务院建设主管部门应当会同国务院经济综合宏观调控、环境保护主管部门，根据城乡规划和水污染防治规划，组织编制全国城镇污水处理设施建设规划。县级以上地方人民政府组织建设、经济综合宏观调控、环境保护、水行政等部门编制本行政区域的城镇污水处理设施建设规划。县级以上地方人民政府建设主管部门应当按照城镇污水处理设施建设规划，组织建设城镇污水集中处理设施及配套管网，并加强对城镇污水集中处理设施运营的监督管理。城镇污水集中处理设施的运营单位按照国家规定向排污者提供污水处理的有偿服务，收取污水处理费用，保证污水集中处理设施的正常运行。收取的污水处理费用应当用于城镇污水集中处理设施的建设运行和污泥处理处置，不得挪作他用。城镇污水集中处理设施的污水处理收费、管理以及使用的具体办法，由国务院规定。

向城镇污水集中处理设施排放水污染物，应当符合国家或者地方规定的水污染物排放标准。城镇污水集中处理设施的运营单位，应当对城镇污水集中处理设施的出水水质负责。环境保护主管部门应当对城镇污水集中处理设施的出水水质和水量进行监督检查。城镇污水集中处理设施的运营单位或者污泥处理处置单位应当安全处理处置污泥，保证处理处置后的污泥符合国家标准，并对污泥的去向等进行记录。

4. 农业和农村水污染防治

中国支持农村污水、垃圾处理设施的建设，推进农村污水、垃圾集中处理。水污染防治法规定，制定化肥、农药等产品的质量标准和使用标准，应当适应水环境保护要求。使用农药，应当符合国家有关农药安全使用的规定和标准。运输、存贮农药和处置过期失效农药，应当加强管理，防止造成水污染。

中国支持畜禽养殖场、养殖小区建设畜禽粪便、废水的综合利用或者无害化处理设施。畜禽养殖场、养殖小区应当保证其畜禽粪便、废水的综合利用或者无害化处理设施正常运转，保证污水达标排放，防止污染水环境。畜禽散养密集区所在地县、乡级人民政府应当组织对畜禽粪便污水进行分户收集、集中处理利用。

从事水产养殖应当保护水域生态环境，科学确定养殖密度，合理投饵和使用药物，防止污染水环境。

农田灌溉用水应当符合相应的水质标准，防止污染土壤、地下水和农产品。

禁止向农田灌溉渠道排放工业废水或者医疗污水。向农田灌溉渠道排放城镇污水以及未综合利用的畜禽养殖废水、农产品加工废水的，应当保证其下游最近的灌溉取水点的水质符合农田灌溉水质标准。

5. 船舶水污染防治

水污染防治法规定，船舶排放含油污水、生活污水，应当符合船舶污染物排放标准。从事海洋航运的船舶进入内河和港口的，应当遵守内河和港口的船舶污染物排放标准。船舶的残油、废油应当回收，禁止排入水体。禁止向水体倾倒船舶垃圾。船舶装载运输油类或者有毒货物，应当采取防止溢流和渗漏的措施，防止货物落水造成水污染。进入中华人民共和国内河的国际航线船舶排放压载水的，应当采用压载水处理装置或者采取其他有效措施，对压载水进行灭活等处理。禁止排放不符合规定的船舶压载水。船舶应当按照国家有关规定配置相应的防污设备和器材，并持有合法有效的防止水域环境污染的证书与文书。船舶进行涉及污染物排放的作业，应当严格遵守操作规程，并在相应的记录簿上如实记载。

港口、码头、装卸站和船舶修造厂所在的地市、县级人民政府应当统筹规划建设船舶污染物、废弃物的接收、转运及处理处置设施。港口、码头、装卸站和船舶修造厂应当备有足够的船舶污染物、废弃物的接收设施。从事船舶污染物、废弃物接收作业，或者从事装载油类、污染危害性货物船舱清洗作业的单位，应当具备与其运营规模相适应的接收处理能力。船舶及有关作业单位从事有污染风险的作业活动，应当按照有关法律、法规和标准，采取有效措施，防止造成水污染。海事管理机构、渔业主管部门应当加强对船舶及有关作业活动的监督管理。船舶进行散装液体污染危害性货物的过驳作业，应当编制作业方案，采取有效的安全和污染防治措施，并报作业地海事管理机构批准。禁止采取冲滩方式进行船舶拆解作业。

船舶未配置相应的防污染设备和器材，或者未持有合法有效的防止水域环境污染的证书与文书的，由海事管理机构、渔业主管部门按照职责分工责令限期改正，处 2000 元以上 2 万元以下的罚款；逾期不改正的，责令船舶临时停航。船舶进行涉及污染物排放的作业，未遵守操作规程或者未在相应的记录簿上如实记载的，由海事管理机构、渔业主管部门按照职责分工责令改正，处 2000 元以上 2 万元以下的罚款。

违反水污染防治法规定，有下列行为之一的，由海事管理机构、渔业主管部门按照职责分工责令停止违法行为，处 1 万元以上 10 万元以下的罚款；造成水污染的，责令限期采取治理措施，消除污染，处 2 万元以上 20 万元以下的罚款；逾期不采取治理措施的，海事管理机构、渔业主管部门按照职责分工可以指定有治理能力的单位代为治理，所需费用由船舶承担：（1）向水体倾倒船舶垃圾或者排放船舶的残油、废油的；（2）未经作业地海事管理机构批准，船舶进行散装液体污染危害性货物的过驳作业的；（3）船舶及有关作业单位从事有污染风险的作业活动，未按照规定采取污染防治措施的；（4）以冲滩方式进行船舶拆解的；（5）进入中华人民共和国内河的国际航线船舶，排放不符合规定的船舶压载水的。

6. 饮用水水源和其他特殊水体保护

建立饮用水水源保护区制度。饮用水水源保护区分为一级保护区和二级保护区；必要时，可以在饮用水水源保护区外围划定一定的区域作为准保护区。饮用水水源保护区的划定，由有关市、县人民政府提出划定方案，报省、自治区、直辖市人民政府批准；跨市、县饮用水水源保护区的划定，由有关市、县人民政府协商提出划定方案，报省、自治区、直辖市人民政府批准；协商不成的，由省、自治区、直辖市人民政府环境保护主管部门会同同级水行政、国土资源、卫生、建设等部门提出划定方案，征求同级有关部门的意见后，报省、自治区、直辖市人民政府批准。跨省、自治区、直辖市的饮用水水源保护区，由有关省、自治区、直辖市人民政府协商有关流域管理机构划定；协商不成的，由国务院环境保护主管部门会同同级水行政、国土资源、卫生、建设等部门提出划定方案，征求国务院有关部门的意见后，报国务院批准。国务院和省、自治区、直辖市人民政府可以根据保护饮用水水源的实际需要，调整饮用水水源保护区的范围，确保饮用水安全。有关地方人民政府应当在饮用水水源保护区的边界设立明确的地理界标和明显的警示标志。

在饮用水水源保护区内，禁止设置排污口。禁止在饮用水水源一级保护区内新建、改建、扩建与供水设施和保护水源无关的建设项目；已建成的与供水设施和保护水源无关的建设项目，由县级以上人民政府责令拆除或者关闭。禁止在饮用水水源一级保护区内从事网箱养殖、旅游、游泳、垂钓或者其他可能污染饮用水水体的活动。禁止在饮用水水源二级保护区内新建、改建、扩建排放污染物的建设项目；已建成的排放污染物的建设项目，由县级以上人民政府责令拆除或者关闭。在饮用水水源二级保护区内从事网箱养殖、旅游等活动的，应当按照规定采取措施，防止污染饮用水水体。禁止在饮用水水源准保护区内新建、扩建对水体污染严重的建设项目；改建建设项目，不得增加排污量。

县级以上地方人民政府应当根据保护饮用水水源的实际需要，在准保护区内采取工程措施或者建造湿地、水源涵养林等生态保护措施，防止水污染物直接排入饮用水水体，确保饮用水安全。县级以上地方人民政府应当组织环境保护等部门，对饮用水水源保护区、地下水型饮用水源的补给区及供水单位周边区域的环境状况和污染风险进行调查评估，筛查可能存在的污染风险因素，并采取相应的风险防范措施。饮用水水源受到污染可能威胁供水安全的，环境保护主管部门应当责令有关企业事业单位和其他生产经营者采取停止排放水污染物等措施，并通报饮用水供水单位和供水、卫生、水行政等部门；跨行政区域的，还应当通报相关地方人民政府。

饮用水供水单位应当做好取水口和出水口的水质检测工作。发现取水口水质不符合饮用水水源水质标准或者出水口水质不符合饮用水卫生标准的，应当及时采取相应措施，并向所在地市、县级人民政府供水主管部门报告。供水主管部门接到报告后，应当通报环境保护、卫生、水行政等部门。饮用水供水单位应当对供水水质负责，确保供水设施安全可靠运行，保证供水水质符合国家有关标准。

县级以上地方人民政府应当组织有关部门监测、评估本行政区域内饮用水水源、供水单位供水和用户水龙头出水的水质等饮用水安全状况。县级以上地方人民政府有关部门应当至少每季度向社会公开一次饮用水安全状况信息。国务院和省、自治区、直辖市人民政府根据水环境保护的需要，可以规定在饮用水水源保护区内，采取禁止或者限制使用含磷洗涤剂、化肥、农药以及限制种植养殖等措施。县级以上人民政府可以对风景名胜区水体、重要渔业水体和其他具有特殊经济文化价值的水体划定保护区，并采取措施，保证保护区的水质符合规定用途的水环境质量标准。在风景名胜区水体、重要渔业水体和其他具有特殊经济文化价值的水体的保护区内，不得新建排污口。在保护区附近新建排污口，应当保证保护区水体不受污染。

在饮用水水源保护区内设置排污口的，由县级以上地方人民政府责令限期拆除，处10万元以上50万元以下的罚款；逾期不拆除的，强制拆除，所需费用由违法者承担，处50万元以上100万元以下的罚款，并可以责令停产整治。除上述规定外，违反法律、行政法规和国务院环境保护主管部门的规定设置排污口的，由县级以上地方人民政府环境保护主管部门责令限期拆除，处 2 万元以上 10 万元以下的罚款；逾期不拆除的，强制拆除，所需费用由违法者承担，处 10 万元以上 50 万元以下的罚款；情节严重的，可以责令停产整治。未经水行政主管部门或者流域管理机构同意，在江河、湖泊新建、改建、扩建排污口的，由县级以上人民政府水行政主管部门或者流域管理机构依据职权，依照上述规定采取措施、给予处罚。

有下列行为之一的，由县级以上地方人民政府环境保护主管部门责令停止违法行为，处 10 万元以上 50 万元以下的罚款；并报经有批准权的人民政府批准，责令拆除或者关闭：（1）在饮用水水源一级保护区内新建、改建、扩建与供水设施和保护水源无关的建设项目的；（2）在饮用水水源二级保护区内新建、改建、扩建排放污染物的建设项目的；（3）在饮用水水源准保护区内新建、扩建对水体污染严重的建设项目，或者改建建设项目增加排污量的。在饮用水水源一级保护区内从事网箱养殖或者组织进行旅游、垂钓或者其他可能污染饮用水水体的活动的，由县级以上地方人民政府环境保护主管部门责令停止违法行为，处 2 万元以上 10 万元以下的罚款。个人在饮用水水源一级保护区内游泳、垂钓或者从事其他可能污染饮用水水体的活动的，由县级以上地方人民政府环境保护主管部门责令停止违法行为，可以处 500 元以下的罚款。

饮用水供水单位供水水质不符合国家规定标准的，由所在地市、县级人民政府供水主管部门责令改正，处 2 万元以上 20 万元以下的罚款；情节严重的，报经有批准权的人民政府批准，可以责令停业整顿；对直接负责的主管人员和其他直接责任人员依法给予处分。

三、水污染事故的处置

水污染防治法规定，对于可能发生水污染事故的企业事业单位，应当制定有关水污染事故的应急方案，做好应急准备，并定期进行演练。生产、储存危险化学品的企业事业单位，应当采取措施，防止在处理安全生产事故过程中产生的可能严重污染水体的消防废水、废液直接排入水体。

企业事业单位发生事故或者其他突发性事件，造成或者可能造成水污染事故的，应当立即启动本单位的应急方案，采取隔离等应急措施，防止水污染物进入水体，并向事故发生地的县级以上地方人民政府或者环境保护主管部门报告。环境保护主管部门接到报告后，应当及时向本级人民政府报告，并抄送有关部门。造成渔业污染事故或者渔业船舶造成水污染事故的，应当向事故发生地的渔业主管部门报告，接受调查处理。其他船舶造成水污染事故的，应当向事故发生地的海事管理机构报告，接受调查处理；给渔业造成损害的，海事管理机构应当通知渔业主管部门参与调查处理。

市、企业事业单位有下列行为之一的，由县级以上人民政府环境保护主管部门责令改正；情节严重的，处 2 万元以上 10 万元以下的罚款：（1）不按照规定制定水污染事故的应急方案的；（2）水污染事故发生后，未及时启动水污染事故的应急方案，采取有关应急措施的。

企业事业单位违反规定，造成水污染事故的，除依法承担赔偿责任外，由县级以上人民政府环境保护主管部门依照规定处以罚款，责令限期采取治理措施，消除污染；未按照要求采取治理措施或者不具备治理能力的，由环境保护主管部门指定有治理能力的单位代为治理，所需费用由违法者承担；对造成重大或者特大水污染事故的，还可以报经有批准权的人民政府批准，责令关闭；对直接负责的主管人员和其他直接责任人员可以处上一年度从本单位取得的收入 50% 以下的罚款；有环境保护法第 63 条规定的违法排放水污染物等行为之一，尚不构成犯罪的，由公安机关对直接负责的主管人员和其他直接责任人员处 10 日以上 15 日以下的拘留；情节较轻的，处 5 日以上 10 日以下的拘留。对造成一般或者较大水污染事故的，按照水污染事故造成的直接损失的 20% 计算罚款；对造成重大或者特大水污染事故的，按照水污染事故造成的直接损失的 30% 计算罚款。造成渔业污染事故或者渔业船舶造成水污染事故的，由渔业主管部门进行处罚；其他船舶造成水污染事故的，由海事管理机构进行处罚。

县级人民政府应当组织编制饮用水安全突发事件应急预案。饮用水供水单位应当根据所在地饮用水安全突发事件应急预案，制定相应的突发事件应急方案，报所在地市、县级人民政府备案，并定期进行演练。饮用水水源发生水污染事故，或者发生其他可能影响饮用水安全的突发性事件，饮用水供水单位应当采取应急处理措施，向所在地市、县级人民政府报告，并向社会公开。有关人民政府应当根据情况及时启动应急预案，采取有效措施，保障供水安全。

【风险提示】

企业事业单位和其他生产经营者违法排放水污染物，受到罚款处罚，被责令改正的，依法作出处罚决定的行政机关应当组织复查，发现其继续违法排放水污染物或者拒绝、阻挠复查的，依照环境保护法的规定按日连续处罚。

企业事业单位违反规定，造成水污染事故的，除依法承担赔偿责任外，由县级以上人民政府环境保护主管部门依照规定处以罚款，责令限期采取治理措施，消除污染；未按照要求采取治理措施或者不具备治理能力的，由环境保护主管部门指定有治理能力的单位代为治理，所需费用由违法者承担；对造成重大或者特大水污染事故的，还可以报经有批准权的人民政府批准，责令关闭；对直接负责的主管人员和其他直接责任人员可以处上一年度从本单位取得的收入 50% 以下的罚款。

【相关案例】

案例 1 保定市徐水区环境保护局申请强制执行对保定中纺依棉纺织有限公司的行政处罚案

保定中纺依棉纺织有限公司建设项目的水污染防治设施未经验收，主体工程于 2009 年 11 月投入正式生产；未依法取得排污许可证排放水污染物。违反了水污染防治法（2008 修订）第 17 条，保定市徐水区环境保护局于 2017 年 4 月 24 日作出了徐环罚决〔2017〕5 号行政处罚决定书，被执行人保定中纺依棉纺织有限公司收到该处罚决定书后，在法定期间未申请复议或向人民法院提起诉讼，也未在指定期限内自觉履行处罚决定确定的义务，经申请执行人催告后仍未履行，申请执行人申请人民法院强制执行罚款 22 万元，加处罚款 22 万元，共计 44 万元。

保定市徐水区人民法院认为，申请执行人保定市徐水区环境保护局对被执行人保定中纺依棉纺织有限公司作出的徐环罚决〔2017〕5 号行政处罚决定书认定事实清楚，适用法律正确，程序合法，符合申请强制执行条件，准予强制执行徐环罚决〔2017〕5 号行政处罚决定书。

案例 2　南通如日纺织有限公司与南通市通州区环境保护局、南通市环境保护局行政处罚、行政复议案

南通市通州区环境保护局（以下简称通州环保局）认定：2017 年 2 月 21 日，原告南通如日纺织有限公司因导热油炉储油装置泄漏，导致含油污水流入通吕运河，在河面形成数公里油污带。原告作为通吕运河沿河企业，未制定规范的环境事故应急预案，在发生导热油泄漏时，未能及时采取应急措施，导致污染事件发生，通州环保局于 2017 年 4 月 10 日作出通环罚字〔2017〕第 3 号《行政处罚决定书》，对其罚款人民币 64000 元整。原告如日公司不服，向被告南通市环保局申请行政复议，行政复议维持了原行政处罚决定。

本案经过行政复议、行政诉讼一审，如皋市人民法院认为：根据水污染防治法（2008 修订）第 82 条规定，企业事业单位有下列行为之一的，由县级以上人民政府环境保护主管部门责令改正；情节严重的，处 2 万元以上 10 万元以下的罚款：（1）不按照规定制定水污染事故的应急方案的。原告作为沿河纺织企业，未制定规范的事故应急方案，在发生导热油泄漏时未及时采取措施，导致油污流入河道的行为违反了上述规定，依法应予查处。被告通州环保局在查明案件事实的基础上，结合原告公司在事后采取措施排除危害的情况，对原告作出罚款人民币 64000 元的行政处罚符合法律规定。故驳回原告南通如日纺织有限公司的诉讼请求。

【法条指引】

中华人民共和国水污染防治法（节录）

第三条　水污染防治应当坚持预防为主、防治结合、综合治理的原则，优先保护饮用水水源，严格控制工业污染、城镇生活污染，防治农业面源污染，积极推进生态治理工程建设，预防、控制和减少水环境污染和生态破坏。

第五条　省、市、县、乡建立河长制，分级分段组织领导本行政区域内江河、湖泊的水资源保护、水域岸线管理、水污染防治、水环境治理等工作。

第六条　国家实行水环境保护目标责任制和考核评价制度，将水环境保护目标完成情况作为对地方人民政府及其负责人考核评价的内容。

第十条　排放水污染物，不得超过国家或者地方规定的水污染物排放标准和重点水污染物排放总量控制指标。

第十三条　国务院环境保护主管部门会同国务院水行政主管部门和有关省、自治区、直辖市人民政府，可以根据国家确定的重要江河、湖泊流域水体的使用功能以及有关地区的经济、技术条件，确定该重要江河、湖泊流域的省界水体适用的水环境质量标准，报国务院批准后施行。

第五节　海洋环境保护法

【规则要点】

海洋污染，一般是指直接或间接地把物质或能量引入海洋环境，产生损害海洋生物资源、危害人体健康、妨碍渔业和海上其他合法活动、损坏海水使用素质和减损环境质量等有害影响。海洋环境保护法规定了海洋污染防治的一般措施，规定了陆源污染物、海洋工程建设项目、海岸工程建设项目、倾倒废弃物、船舶及相关作业活动对海洋环境的损坏的防治措施。

【理解与适用】

一、概述

海洋本身具有巨大的自净能力。当污染物等进入海洋以后，可以被海水的扩散、稀释、化学分解以及生物降解等作用而减低毒性。但是，由于海洋的自净能力并不是无限的，特别是近海海域的自净能力较低，所以当排入海洋的污染物超过海水的净化能力时，就会出现海洋污染的现象。

从人为原因导致的海洋污染看，海洋污染物的来源主要有三：一是陆地型污染源，这是指从陆地向海域排放污染物的场所、设施等，包括工厂直接入海的排污管道、混合入海排油管道、入海河流、沿海油田以及港口等；二是海上型污染源，这是指船舶或海上设施、海洋倾废等；三是大气型污染源，主要是指大气降水或大气沉降使污染物进入海洋。

环境保护法第 34 条规定："国务院和沿海地方各级人民政府应当加强对海洋环境的保护。向海洋排放污染物、倾倒废弃物，进行海岸工程和海洋工程建设，应当符合法律法规规定和有关标准，防止和减少对海洋环境的污染损害。"

1. 海洋环境保护法的适用范围和域外效力

海洋环境保护法适用于中华人民共和国内水、领海、毗连区、专属经济区、大陆架以及中华人民共和国管辖的其他海域。在中国管辖海域内从事航行、勘探、开发、生产、旅游、科学研究及其他活动，或者在沿海陆域内从事影响海洋环境活动的任何单位和个人，都必须遵守海洋环境保护法。在中国管辖海域以外，造成中国管辖海域污染的，也适用该法的规定。

在国际条约的国内适用及其效力方面，海洋环境保护法规定，中华人民共和国缔结或者参加的与海洋环境保护有关的国际条约与本法有不同规定的，适用国际条约的规定；但是，中华人民共和国声明保留的条款除外。

2. 海洋环境污染防治的政府协商与联合执法

海洋环境保护要求实施整体性、关联性的综合污染防治措施，因此海洋环境保护管理所涉及的行政管理部门也比较多，跨行政区域的各级地方政府之间就海洋环境保护工作必须在总体上协调一致。为此，海洋环境保护法规定了跨行政区域的海洋环境保护工作的政府协商机制和依法行使海洋环境监督管理权各部门的海上联合执法机制。

具体而言，跨区域的海洋环境保护工作，由有关沿海地方人民政府协商解决，或者由上级人民政府协调解决。跨部门的重大海洋环境保护工作，由国务院环境保护行政主管部门协调；协调未能解决的，由国务院作出决定。依照规定行使海洋环境监督管理权的部门可以在海上实行联合执法，在巡航监视中发现海上污染事故或者违反规定的行为时，应当予以制止并调查取证，必要时有权采取有效措施，防止污染事态的扩大，并报告有关主管部门处理。依照规定行使海洋环境监督管理权的部门，有权对管辖范围内排放污染物的单位和个人进行现场检查。被检查者应当如实反映情况，提供必要的资料。检查机关应当为被检查者保守技术秘密和业务秘密。

二、海洋污染防治的一般措施

1. 对保护海水水质实行标准管制

为了便于国务院进一步理顺各有关部门海洋环境保护工作的关系，海洋环境保护法授权国务院行使海洋环境质量标准的制定权。目前，中国实施的国家海洋环境质量标准仍是由原国家环境保护局和国家海洋局于1997年共同制定的《海水水质标准》。该标准按照海域的不同使用功能和保护目标，海水水质分为四类：第一类适用于海洋渔业水域，海上自然保护区和珍稀濒危海洋生物保护区；第二类适用于水产养殖区，海水浴场，人体直接接触海水的海上运动或娱乐区，以及与人类食用直接有关的工业用水区；第三类适用于一般工业用水区，滨海风景旅游区；第四类适用于海洋港口水域，海洋开发作业区。

海洋环境保护法规定，国家根据海洋环境质量状况和国家经济、技术条件，制定国家海洋环境质量标准。沿海省、自治区、直辖市人民政府对国家海洋环境质量标准中未作规定的项目，可以制定地方海洋环境质量标准。沿海地方各级人民政府根据国家和地方海洋环境质量标准的规定和本行政区近岸海域环境质量状况，确定海洋环境保护的目标和任务，并纳入人民政府工作计划，按相应的海洋环境质量标准实施管理。在污染物排放标准方面，国家和地方水污染物排放标准的制定，应当将国家和地方海洋环境质量标准作为重要依据之一。

此外，海洋环境保护法还规定了排污费、倾倒费等制度。具体来说，直接向海洋排放污染物的单位和个人，必须按照国家规定缴纳排污费。依照法律规定缴纳环境保护税的，不再缴纳排污费。向海洋倾倒废弃物，必须按照国家规定缴纳倾倒费。根据规定征收的排污费、倾倒费，必须用于海洋环境污染的整治，不得挪作他用。具体办法由国务院规定。

2. 对重点海域排污实施总量控制

为控制国家划定的重点海域的污染，海洋环境保护法确立了重点海域排污总量控制制度。由国务院批准确定主要污染物排海总量控制指标，在此基础上对主要污染源采取分配排放控制数量的方法来具体实施。

三、防治陆源污染物对海洋环境的污染损害

陆源污染物，是指由陆地污染源排放的污染物。防治陆源污染物对海洋环境的污染损害，主要是防止沿海地区的工农业生产和居民生活所产生的废弃物直接向海域排放、防止在海岸滩涂设置废弃物堆放场或处理场以及防止沿海农田施用化肥农药等污染海洋、防止陆源污染物通过江河进入海洋环境。

为此，海洋环境保护法从入海排污口设置和禁限措施两方面对防治陆源污染物对海洋环境的污染损害作出了规定。其中，禁止性义务规范主要包括：禁止向海域排放油类、酸液、碱液、剧毒废液和高、中水平放射性废水。禁止经中华人民共和国内水、领海转移危险废物。限制性义务规范主要是对直接或间接向海域排放各类污染物所作的限制性规定。

为履行《联合国海洋法公约》有关防止大气污染物造成海洋污染的义务，海洋环境保护法特别规定，国家采取必要措施，防止、减少和控制来自大气层或者通过大气层造成的海洋环境污染损害。

四、防治海岸工程建设项目对海洋环境的污染损害

海岸工程，是指位于海岸或与海岸相邻，需要利用海洋完成其部分或者全部功能的建设工程。

为防止海岸工程对海洋环境造成污染损害，海洋环境保护法主要从三个方面规定了保护措施：

第一，对海岸工程建设项目实行环境影响评价和"三同时"制度。即，新建、改建、扩建海岸工程建设项目，必须遵守国家有关建设项目环境保护管理的规定，并把防治污染所需资金纳入建设项目投资计划。海岸工程建设项目单位，必须对海洋环境进行科学调查，根据自然条件和社会条件，合理选址，编制环境影响报告书（表）。在建设项目开工前，将环境影响报告书（表）报环境保护行政主管部门审查批准。环境保护行政主管部门在批准环境影响报告书（表）之前，必须征求海洋、海事、渔业行政主管部门和军队生态环境部门的意见。海岸工程建设项目的环境保护设施，必须与主体工程同时设计、同时施工、同时投产使用。环境保护设施应当符合经批准的环境影响评价报告书（表）的要求。

第二，兴建海岸工程建设项目，必须采取有效措施，保护国家和地方重点保护的野生动植物及其生存环境和海洋水产资源。在依法划定的海洋自然保护区、海滨风景名胜区、重要渔业水域及其他需要特别保护的区域，不得从事污染环境、破坏景观的海岸工程项目建设或者其他活动。

第三，禁止在沿海陆域内新建不具备有效治理措施的化学制浆造纸、化工、印染、制革、电镀、酿造、炼油、岸边冲滩拆船以及其他严重污染海洋环境的工业生产项目。严格限制在海岸采挖砂石。露天开采海滨砂矿和从岸上打井开采海底矿产资源，必须采取有效措施，防止污染海洋环境。

五、防治海洋工程建设项目对海洋环境的污染损害

海洋工程建设，是指在海岸线以下施工兴建的各类海洋工程建设项目的总称。

防止海洋工程建设项目对海洋环境污染损害的主要措施包括：

第一，海洋工程建设项目实行编报海洋环境影响报告书和"三同时"制度。具体而言，海洋工程建设项目必须符合全国海洋主体功能区规划、海洋功能区划、海洋环境保护规划和国家有关环境保护标准。海洋工程建设项目单位应当对海洋环境进行科学调查，编制海洋环境影响报告书（表），并在建设项目开工前，报海洋行政主管部门审查批准。海洋行政主管部门在批准海洋环境影响报告书（表）之前，必须征求海事、渔业行政主管部门和军队生态环境部门的意见。海洋工程建设项目的环境保护设施，必须与主体工程同时设计、同时施工、同时投产使用。环境保护设施未经海洋行政主管部门验收，或者经验收不合格的，建设项目不得投入生产或者使用。拆除或者闲置环境保护设施，必须事先征得海洋行政主管部门的同意。

第二，海洋工程建设项目，不得使用含超标准放射性物质或者易溶出有毒有害物质的材料；当海洋工程建设项目需要爆破作业时，必须采取有效措施，保护海洋资源；在海洋石油勘探开发及输油过程中，必须采取有效措施，避免溢油事故的发生。

第三，海洋石油钻井船、钻井平台和采油平台的含油污水和油性混合物，必须经过处理达标后排放；残油、废油必须予以回收，不得排放入

海。经回收处理后排放的，其含油量不得超过国家规定的标准。钻井所使用的油基泥浆和其他有毒复合泥浆不得排放入海。水基泥浆和无毒复合泥浆及钻屑的排放，必须符合国家有关规定。海洋石油钻井船、钻井平台和采油平台及其有关海上设施，不得向海域处置含油的工业垃圾。处置其他工业垃圾，不得造成海洋环境污染。勘探、开发海洋石油，必须按有关规定编制溢油应急计划，报国家海洋行政主管部门的海区派出机构备案。

六、防治倾倒废弃物对海洋环境的污染损害

倾倒，是指通过船舶、航空器、平台或者其他运载工具，向海洋处置废弃物和其他有害物质的行为，包括弃置船舶、航空器、平台及其辅助设施和其他浮动工具的行为。但不包括船舶、航空器及其他载运工具和设施正常操作产生的废弃物的排放。

按照废弃物的毒性、有害物质含量和对海洋环境的影响等因素，中国将向海洋倾倒的废弃物分为三类：第一类为禁止倾倒的废弃物，即毒性大或长期不能分解及严重妨害海上航行、渔业等活动的物质；第二类为需要获得特别许可证才能倾倒的废弃物，即对海洋生物没有剧毒性，但能通过生物富集污染水产品或危害航行、渔业等活动的物质；第三类为不属于前两类物质的其他低毒性或无毒的废弃物，即要事先获得普通许可证即可倾倒的物质。

海洋环境保护法对向中华人民共和国管辖海域倾倒废弃物及其管制措施作出了规定。同时，禁止中华人民共和国境外的废弃物在中华人民共和国管辖海域倾倒，违反规定将中华人民共和国境外废弃物运进中华人民共和国管辖海域倾倒的，由国家海洋行政主管部门予以警告，并根据造成或者可能造成的危害后果，处10万元以上100万元以下的罚款；禁止在海上焚烧废弃物；禁止在海上处置放射性废弃物或者其他放射性物质，其中废弃物中放射性物质的豁免浓度由国务院制定。

国家海洋行政主管部门根据废弃物的毒性、有毒物质含量和对海洋环境影响程度，制定海洋倾倒废弃物评价程序和标准。向海洋倾倒废弃物，应当按照废弃物的类别和数量实行分级管理。可以向海洋倾倒的废弃物名录，由国家海洋行政主管部门拟定，经国务院环境保护行政主管部门提出

审核意见后，报国务院批准。

国家海洋行政主管部门按照科学、合理、经济、安全的原则选划海洋倾倒区，经国务院环境保护行政主管部门提出审核意见后，报国务院批准。临时性海洋倾倒区由国家海洋行政主管部门批准，并报国务院环境保护行政主管部门备案。国家海洋行政主管部门在选划海洋倾倒区和批准临时性海洋倾倒区之前，必须征求国家海事、渔业行政主管部门的意见。国家海洋行政主管部门监督管理倾倒区的使用，组织倾倒区的环境监测。对经确认不宜继续使用的倾倒区，国家海洋行政主管部门应当予以封闭，终止在该倾倒区的一切倾倒活动，并报国务院备案。

获准倾倒废弃物的单位，必须按照许可证注明的期限及条件，到指定的区域进行倾倒。废弃物装载之后，批准部门应当予以核实。获准倾倒废弃物的单位，应当详细记录倾倒的情况，并在倾倒后向批准部门作出书面报告。倾倒废弃物的船舶必须向驶出港的海事行政主管部门作出书面报告。

七、防治船舶及有关作业活动对海洋环境的污染损害

海洋环境保护法主要是通过行为控制、建立油污损害赔偿制度和保险基金制度，来实现防治船舶及有关作业活动对海洋环境污染损害的。

第一，在中华人民共和国管辖海域，任何船舶及相关作业不得违反规定向海洋排放污染物、废弃物和压载水、船舶垃圾及其他有害物质。从事船舶污染物、废弃物、船舶垃圾接收、船舶清舱、洗舱作业活动的，必须具备相应的接收处理能力。船舶必须按照有关规定持有防止海洋环境污染的证书与文书，在进行涉及污染物排放及操作时，应当如实记录。船舶必须配置相应的防污设备和器材。

载运具有污染危害性货物的船舶，其结构与设备应当能够防止或者减轻所载货物对海洋环境的污染。

第二，载运具有污染危害性货物进出港口的船舶，其承运人、货物所有人或者代理人，必须事先向海事行政主管部门申报。经批准后，方可进出港口、过境停留或者装卸作业。交付船舶装运污染危害性货物的单证、包装、标志、数量限制等，必须符合对所装货物的有关规定。需要船舶装运污染危害性不明的货物，应当按照有关规定事先进行评估。装卸油类及

有毒有害货物的作业，船岸双方必须遵守安全防污操作规程。

第三，要求港口、码头、装卸站和船舶修造厂必须按照有关规定备有足够的用于处理船舶污染物、废弃物的接收设施，并使该设施处于良好状态。装卸油类的港口、码头、装卸站和船舶必须编制溢油污染应急计划，并配备相应的溢油污染应急设备和器材。船舶及有关作业活动应当遵守有关法律、法规和标准，采取有效措施，防止造成海洋环境污染。海事行政主管部门等有关部门应当加强对船舶及有关作业活动的监督管理。船舶进行散装液体污染危害性货物的过驳作业，应当事先按照有关规定报经海事行政主管部门批准。

第四，船舶发生海难事故，造成或者可能造成海洋环境重大污染损害的，国家海事行政主管部门有权强制采取避免或者减少污染损害的措施。对在公海上因发生海难事故，造成中华人民共和国管辖海域重大污染损害后果或者具有污染威胁的船舶、海上设施，国家海事行政主管部门有权采取与实际的或者可能发生的损害相称的必要措施。所有船舶均有监视海上污染的义务，在发现海上污染事故或者违反法律规定的行为时，必须立即向就近的依照规定行使海洋环境监督管理权的部门报告。民用航空器发现海上排污或者污染事件，必须及时向就近的民用航空空中交通管制单位报告。接到报告的单位，应当立即向依照规定行使海洋环境监督管理权的部门通报。

第五，为有效补偿和赔偿油污损害，法律规定国家完善并实施船舶油污损害民事赔偿责任制度；按照船舶油污损害赔偿责任由船东和货主共同承担风险的原则，建立船舶油污保险、油污损害赔偿基金制度。实施船舶油污保险、油污损害赔偿基金制度的具体办法由国务院规定。

【风险提示】

禁止中华人民共和国境外的废弃物在中华人民共和国管辖海域倾倒，违反规定将中华人民共和国境外废弃物运进中华人民共和国管辖海域倾倒的，由国家海洋行政主管部门予以警告，并根据造成或者可能造成的危害后果，处 10 万元以上 100 万元以下的罚款；禁止在海上焚烧废弃物；禁止在海上处置放射性废弃物或者其他放射性物质，其中废弃物中的放射性物质的豁免浓度由国务院制定。

【法条指引】

中华人民共和国海洋环境保护法（节录）

第二条　本法适用于中华人民共和国内水、领海、毗连区、专属经济区、大陆架以及中华人民共和国管辖的其他海域。

在中华人民共和国管辖海域内从事航行、勘探、开发、生产、旅游、科学研究及其他活动，或者在沿海陆域内从事影响海洋环境活动的任何单位和个人，都必须遵守本法。

在中华人民共和国管辖海域以外，造成中华人民共和国管辖海域污染的，也适用本法。

第三条　国家在重点海洋生态功能区、生态环境敏感区和脆弱区等海域划定生态保护红线，实行严格保护。

国家建立并实施重点海域排污总量控制制度，确定主要污染物排海总量控制指标，并对主要污染源分配排放控制数量。具体办法由国务院制定。

第四条　一切单位和个人都有保护海洋环境的义务，并有权对污染损害海洋环境的单位和个人，以及海洋环境监督管理人员的违法失职行为进行监督和检举。

第六条　环境保护行政主管部门、海洋行政主管部门和其他行使海洋环境监督管理权的部门，根据职责分工依法公开海洋环境相关信息；相关排污单位应当依法公开排污信息。

第二十条　国务院和沿海地方各级人民政府应当采取有效措施，保护红树林、珊瑚礁、滨海湿地、海岛、海湾、入海河口、重要渔业水域等具有典型性、代表性的海洋生态系统，珍稀、濒危海洋生物的天然集中分布区，具有重要经济价值的海洋生物生存区域及有重大科学文化价值的海洋自然历史遗迹和自然景观。

对具有重要经济、社会价值的已遭到破坏的海洋生态，应当进行整治和恢复。

第二十九条　向海域排放陆源污染物，必须严格执行国家或者地方规定的标准和有关规定。

第四十二条　新建、改建、扩建海岸工程建设项目，必须遵守国家有关建设项目环境保护管理的规定，并把防治污染所需资金纳入建设项目投资计划。

在依法划定的海洋自然保护区、海滨风景名胜区、重要渔业水域及其他需要特别保护的区域，不得从事污染环境、破坏景观的海岸工程项目建设或者其他活动。

第四十八条　海洋工程建设项目的环境保护设施，必须与主体工程同时设计、同时施工、同时投产使用。环境保护设施未经海洋行政主管部门验收，或者经验收不合格的，建设项目不得投入生产或者使用。

拆除或者闲置环境保护设施，必须事先征得海洋行政主管部门的同意。

第六节　固体废物污染环境防治法

【规则要点】

固体废物通常也称废弃物，是指被丢弃的固体和泥状物质，包括从废水、废气中分离出来的固体颗粒。我国对固体废物污染环境实行全过程管理、分类管理，实现对固体废物的减量化、资源化和无害化处理。

【理解与适用】

一、固体废物的概念

依照《中华人民共和国固体废物污染环境保护法》规定，固体废物，是指在生产、生活和其他活动中产生的丧失原有利用价值或者虽未丧失利用价值但被抛弃或者放弃的固态、半固态和置于容器中的气态的物品、物质以及法律、行政法规规定纳入固体废物管理的物品、物质。

固体废物污染环境防治法所要控制和防治产生污染的固体废物，主要包括工业固体废物、生活垃圾以及危险废物三大类。

1995 年 10 月全国人大常委会通过了固体废物污染环境防治法，该法除了对固体废物的处置原则作出规定外，主要还对工业固体废物和危险废物的申报登记制度，企业事业单位处理、处置工业固体废物和危险废物的责任制度，处理、处置危险废物的行政代执行措施以及对危险废物实行许可证管理等作出了具体规定。为适应国家环境和产业政策的发展，加强对固体废物的再生利用，维护生态安全，促进经济社会可持续发展，全国人大常委会于 2004 年、2013 年、2015 年、2016 年 4 次修改了固体废物污染环境防治法。

依照固体废物污染环境防治法的规定，国务院环境保护行政主管部门对全国固体废物污染环境的防治工作实施统一监督管理。国务院有关部门在各自的职责范围内负责固体废物污染环境防治的监督管理工作。县级以上地方人民政府环境保护行政主管部门对本行政区域内固体废物污染环境的防治工作实施统一监督管理。县级以上地方人民政府有关部门在各自的职责范围内负责固体废物污染环境防治的监督管理工作。国务院建设行政主管部门和县级以上地方人民政府环境卫生行政主管部门负责生活垃圾清扫、收集、贮存、运输和处置的监督管理工作。

二、对固体废物实行减量化、资源化和无害化管理

固体废物污染环境防治法规定，国家对固体废物污染环境的防治，实行减少固体废物的产生量和危害性、充分合理利用固体废物和无害化处置固体废物的原则，促进清洁生产和循环经济发展。

这一规定的内容简称"三化"管理即减量化、资源化和无害化。"三化"管理原则各个环节是互为因果、相辅相成的：减量化须以资源化为依托，资源化可促进减量化、无害化的实现，无害化又可以实现和达到减量化和资源化的目的。因此，在具体措施方面不能将它们截然分开。

为此，固体废物污染环境防治法主要确立了如下鼓励性规范：

第一，鼓励、支持采取有利于保护环境的集中处置固体废物的措施，促进固体废物污染环境防治产业发展；

第二，国务院有关部门、县级以上地方人民政府及其有关部门组织编制城乡建设、土地利用、区域开发、产业发展等规划，应当统筹考虑减少固体废物的产生量和危害性、促进固体废物的综合利用和无害化处置；

第三，中国对固体废物污染环境防治实行污染者依法负责的原则，产品的生产者、销售者、进口者、使用者对其产生的固体废物依法承担污

防治责任；

第四，鼓励单位和个人购买、使用再生产品和可重复利用产品。

从上述鼓励性规范的内容看，"三化"管理原则的重心应当是减量化和资源化，目的在于促使物质实现再循环、再利用。

三、对固体废物污染环境实行全过程管理

对固体废物实行的全过程管理，是防治固体废物污染环境的一项实体和程序相结合的原则。它是指对固体废物从产生、收集、贮存、运输、利用直到最终处置的全部过程实行一体化的管理，这通常也被人们形象地比喻为"从摇篮到坟墓"的管理。

固体废物污染环境防治法确立了污染者依法负责的原则，即产品的生产者、销售者、进口者、使用者对其产生的固体废物依法承担污染防治责任，并分别规定了固体废物的产生者和收集者、贮存者、运输者、处置者的义务。

首先，产生固体废物的单位和个人应当采取措施，防止或者减少固体废物对环境的污染。产品和包装物的设计、制造，应当遵守国家有关清洁生产的规定，并防止过度包装；生产、销售、进口依法被列入强制回收目录的产品和包装物的企业，必须按照国家有关规定对该产品和包装物进行回收。中国鼓励科研、生产单位研究、生产易回收利用、易处置或者在环境中可降解的薄膜覆盖物和商品包装物。使用农用薄膜的单位和个人，应当采取回收利用等措施防止污染环境。从事畜禽规模养殖应当按照国家有关规定收集、贮存、利用或者处置养殖过程中产生的畜禽粪便，防止污染环境。禁止在人口集中地区、机场周围、交通干线附近以及当地人民政府划定的区域露天焚烧秸秆。

其次，收集、贮存、运输、利用、处置固体废物的单位和个人，必须采取防扬散、防流失、防渗漏或者其他防止污染环境的措施；不得擅自倾倒、堆放、丢弃、遗撒固体废物。禁止任何单位或者个人向江河、湖泊、运河、渠道、水库及其最高水位线以下的滩地和岸坡等法律、法规规定禁止倾倒、堆放废弃物的地点倾倒、堆放固体废物。对收集、贮存、运输、处置固体废物的设施、设备和场所，应当加强管理和维护，保证其正常运行和使用。在国务院和国务院有关主管部门及省、自治区、直辖市人民政

府划定的自然保护区、风景名胜区、饮用水水源保护区、基本农田保护区和其他需要特别保护的区域内，禁止建设工业固体废物集中贮存、处置的设施、场所和生活垃圾填埋场。

转移固体废物出省、自治区、直辖市行政区域贮存、处置的，应当向固体废物移出地的省、自治区、直辖市人民政府环境保护行政主管部门提出申请。移出地的省、自治区、直辖市人民政府环境保护行政主管部门应当商经接受地的省、自治区、直辖市人民政府环境保护行政主管部门同意后，方可批准转移该固体废物出省、自治区、直辖市行政区域。未经批准的，不得转移。

禁止中华人民共和国境外的固体废物进境倾倒、堆放、处置。禁止进口不能用作原料或者不能以无害化方式利用的固体废物；对可以用作原料的固体废物实行限制进口和非限制进口分类管理。国务院环境保护行政主管部门会同国务院对外贸易主管部门、国务院经济综合宏观调控部门、海关总署、国务院质量监督检验检疫部门制定、调整并公布禁止进口、限制进口和非限制进口的固体废物目录。禁止进口列入禁止进口目录的固体废物。进口列入限制进口目录的固体废物，应当经国务院环境保护行政主管部门会同国务院对外贸易主管部门审查许可。进口的固体废物必须符合国家环境保护标准，并经质量监督检验检疫部门检验合格。进口固体废物的具体管理办法，由国务院环境保护行政主管部门会同国务院对外贸易主管部门、国务院经济综合宏观调控部门、海关总署、国务院质量监督检验检疫部门制定。

固体废物污染环境防治法规定，固体废物的产生者和收集者、贮存者、运输者、处置者违反上述规定的，由县级以上人民政府生态环境部门责令停止违法行为，限期改正，处以罚款。

四、固体废物污染防治的分类管理

固体废物污染环境防治法将固体废物分为工业固体废物、生活垃圾以及危险废物三类。其中对工业固体废物、生活垃圾采取一般管理措施，对危险废物则采取严格管理措施。

（一）工业固体废物

工业固体废物，是指在工业生产活动中产生的固体废物。工业固体废物的环境管理除执行环境污染防治的基本法律制度外，还适用以下特别措施：

1. 淘汰落后工艺设备

由于工业固体废物大多可在生产工艺和设备技术改进的条件下循环利用和再生利用，为此，固体废物污染环境防治法规定，国务院经济综合宏观调控部门应当会同国务院有关部门组织研究、开发和推广减少工业固体废物产生量和危害性的生产工艺和设备，公布限期淘汰产生严重污染环境的工业固体废物的落后生产工艺、落后设备的名录。生产者、销售者、进口者、使用者必须在国务院经济综合宏观调控部门会同国务院有关部门规定的期限内分别停止生产、销售、进口或者使用列入上述规定的名录中的设备。生产工艺的采用者必须在国务院经济综合宏观调控部门会同国务院有关部门规定的期限内停止采用列入上述规定的名录中的工艺。列入限期淘汰名录被淘汰的设备，不得转让给他人使用。违反上述规定的，由县级以上人民政府经济综合宏观调控部门责令改正；情节严重的，由县级以上人民政府经济综合宏观调控部门提出意见，报请同级人民政府按照国务院规定的权限决定停业或者关闭。

2. 工业固体废物产生者的义务

企业事业单位应当合理选择和利用原材料、能源和其他资源，采用先进的生产工艺和设备，减少工业固体废物产生量，降低工业固体废物的危害性。

中国实行工业固体废物申报登记制度，产生工业固体废物的单位必须按照国务院环境保护行政主管部门的规定，向所在地县级以上地方人民政府环境保护行政主管部门提供工业固体废物的种类、产生量、流向、贮存、处置等有关资料。前述规定的申报事项有重大改变的，应当及时申报。企业事业单位应当根据经济、技术条件对其产生的工业固体废物加以利用；对暂时不利用或者不能利用的，必须按照国务院环境保护行政主管部门的规定建设贮存设施、场所，安全分类存放，或者采取无害化处置措施。建设工业固体废物贮存、处置的设施、场所，必须符合国家环境保护标准。禁止擅自关闭、闲置或者拆除工业固体废物污染环境防治设施、场所；确有必要关闭、闲置或者拆除的，必须经所在地县级以上地方人民政府环境保护行政主管部门核准，并采取措施，防止污染环境。

违反前述规定的，由县级以上人民政府生态环境部门责令停止违法行为，限期改正，处以罚款。

此外，矿山企业应当采取科学的开采方法和选矿工艺，减少尾矿、矸石、废石等矿业固体废物的产生量和贮存量。尾矿、矸石、废石等矿业固体废物贮存设施停止使用后，矿山企业应当按照国家有关环境保护规定进行封场，防止造成环境污染和生态破坏。

尾矿、矸石、废石等矿业固体废物贮存设施停止使用后，未按照国家有关环境保护规定进行封场的，由县级以上地方人民政府环境保护行政主管部门责令限期改正，可以处5万元以上20万元以下的罚款。

3. 企业事业单位变更、终止后，污染防治责任的承担

产生工业固体废物的单位需要终止的，应当事先对工业固体废物的贮存、处置的设施、场所采取污染防治措施，并对未处置的工业固体废物作出妥善处置，防止污染环境。产生工业固体废物的单位发生变更的，变更后的单位应当按照国家有关环境保护的规定对未处置的工业固体废物及其贮存、处置的设施、场所进行安全处置或者采取措施保证该设施、场所安全运行。变更前当事人对工业固体废物及其贮存、处置的设施、场所的污染防治责任另有约定的，从其约定；但是，不得免除当事人的污染防治义务。对固体废物污染环境防治法施行前已经终止的单位未处置的工业固体废物及其贮存、处置的设施、场所进行安全处置的费用，由有关人民政府承担；但是，该单位享有的土地使用权依法转让的，应当由土地使用权受让人承担处置费用。当事人另有约定的，从其约定；但是，不得免除当事人的污染防治义务。

（二）生活垃圾

生活垃圾，是指在日常生活中或者为日常生活提供服务的活动中产生的废物以及法律、行政法规规定视为生活垃圾的固体废物。

对生活垃圾的处理主要涉及收集、运输、处置等环节。为此，固体废物污染环境防治法规定，县级以上人民政府应当统筹安排建设城乡生活垃圾收集、运输、处置设施，提高生活垃圾的利用率和无害化处置率，促进生活垃圾收集、处置的产业化发展，逐步建立和完善生活垃圾污染环境防治的社会服务体系。

县级以上地方人民政府环境卫生行政主管部门应当组织对城市生活垃圾进行清扫、收集、运输和处置，可以通过招标等方式选择具备条件的单

位从事生活垃圾的清扫、收集、运输和处置。

对城市生活垃圾应当按照环境卫生行政主管部门的规定，在指定的地点放置，不得随意倾倒、抛撒或者堆放。清扫、收集、运输、处置城市生活垃圾，应当遵守国家有关环境保护和环境卫生管理的规定，防止污染环境。对城市生活垃圾应当及时清运，逐步做到分类收集和运输，并积极开展合理利用和实施无害化处置。建设生活垃圾处置的设施、场所，必须符合国务院环境保护行政主管部门和国务院建设行政主管部门规定的环境保护和环境卫生标准。禁止擅自关闭、闲置或者拆除生活垃圾处置的设施、场所；确有必要关闭、闲置或者拆除的，必须经所在地的市、县级人民政府环境卫生行政主管部门商所在地环境保护行政主管部门同意后核准，并采取措施，防止污染环境。

为减少生活垃圾的产生量，地方政府应当采取包括有计划地改进燃料结构，发展城市煤气、天然气、液化气和其他清洁能源、组织净菜进城、减少城市生活垃圾、合理安排收购网点，促进生活垃圾的回收利用工作。此外，从生活垃圾中回收的物质必须按照国家规定的用途或者标准使用，不得用于生产可能危害人体健康的产品。

此外，固体废物污染环境防治法还规定，工程施工单位应当及时清运工程施工过程中产生的固体废物，并按照环境卫生行政主管部门的规定进行利用或者处置。从事公共交通运输的经营单位，应当按照国家有关规定，清扫、收集运输过程中产生的生活垃圾。从事城市新区开发、旧区改建和住宅小区开发建设的单位，以及机场、码头、车站、公园、商店等公共设施、场所的经营管理单位，应当按照国家有关环境卫生的规定，配套建设生活垃圾收集设施。违反规定的，由县级以上地方人民政府环境卫生行政主管部门责令停止违法行为，限期改正，处以罚款。

（三）危险废物

危险废物，是指列入《国家危险废物名录》或者根据国家规定的《危险废物鉴别标准》和鉴别方法认定的具有危险特性的固体废物。所谓危险特性，主要是指毒性、易燃性、腐蚀性、反应性、感染性、放射性等。

对于危险废物必须执行下列更为严格的管理措施。

1. 《国家危险废物名录》与标识

《国家危险废物名录》由国务院生态环境部门会同有关部门制定，规定统一的《危险废物鉴别标准》、鉴别方法和识别标志。危险废物的容器和包装物以及收集、贮存、运输、处置危险废物的设施、场所，必须设置危险废物识别标志。

2. 危险废物集中处置

国务院生态环境部门会同国务院经济综合宏观调控部门组织编制危险废物集中处置设施场所的建设规划，报国务院批准后实施。县级以上地方人民政府应当依据危险废物集中处置设施、场所的建设规划，组织建设危险废物集中处置设施、场所。

为了解决重点危险废物集中处置设施、场所的退役费用，法律规定应当在建设重点危险废物集中处置设施、场所时将费用预提，并列入投资概算或者经营成本。具体提取和管理办法，由国务院财政部门、价格主管部门会同国务院环境保护行政主管部门规定。

3. 危险废物产生者的义务

首先，是申报义务。即产生危险废物的单位必须按照国家有关规定制定危险废物管理计划，并向所在地生态环境部门申报危险废物的种类、产生量、流向、贮存、处置等有关资料。

其次，是处置义务。即产生危险废物的单位必须按照国家有关规定处置危险废物，不得擅自倾倒、堆放。对不履行处置义务的，由所在地县级以上生态环境部门责令限期改正。

逾期不处置或者处置不符合国家有关规定的，由所在地县级以上生态环境部门指定单位代为处置，处置费用由产生危险废物的单位承担。违反上述规定的，由县级以上地方人民政府生态环境部门责令限期改正，处代为处置费用1倍以上3倍以下的罚款。

最后，是缴纳危险废物排污费义务。以填埋方式处置危险废物不符合国务院生态环境部门规定的，应当缴纳危险废物排污费。危险废物排污费用于污染环境的防治，不得挪作他用。对不按照国家规定缴纳危险废物排污费的，限期缴纳，逾期不缴纳的，处应缴纳危险废物排污费金额1倍以上3倍以下的罚款。

4. 危险废物经营者的义务

从事收集、贮存、处置危险废物经营活动的单位，必须向县级以上人民政府环境保护行政主管部门申请领取经营许可证；从事利用危险废物经营活动的单位，必须向国务院环境保护行政主管部门或者省、自治区、直辖市人民政府环境保护行政主管部门申请领取经营许可证，具体管理办法由国务院规定。

禁止无经营许可证或者不按照经营许可证规定从事危险废物收集、贮存、利用、处置的经营活动。禁止将危险废物提供或者委托给无经营许可证的单位从事收集、贮存、利用、处置的经营活动。无经营许可证或者不按照经营许可证规定从事收集、贮存、利用、处置危险废物经营活动的，由县级以上人民政府环境保护行政主管部门责令停止违法行为，没收违法所得，可以并处违法所得3倍以下的罚款。不按照经营许可证规定从事前述活动的，还可以由发证机关吊销经营许可证。

收集、贮存危险废物，必须按照危险废物特性分类进行。禁止混合收集、贮存、运输、处置性质不相容而未经安全性处置的危险废物。贮存危险废物必须采取符合国家环境保护标准的防护措施，并不得超过1年；确需延长期限的，必须报经原批准经营许可证的环境保护行政主管部门批准；法律、行政法规另有规定的除外。禁止将危险废物混入非危险废物中贮存。

5. 危险废物转移者的义务

转移危险废物的，必须按照国家有关规定填写危险废物转移联单。跨省、自治区、直辖市转移危险废物的，应当向危险废物移出地省、自治区、直辖市人民政府环境保护行政主管部门申请。移出地省、自治区、直辖市人民政府环境保护行政主管部门应当商经接受地省、自治区、直辖市人民政府环境保护行政主管部门同意后，方可批准转移该危险废物。未经批准的，不得转移。

转移危险废物途经移出地、接受地以外行政区域的，危险废物移出地设区的市级以上地方人民政府环境保护行政主管部门应当及时通知沿途经过的设区的市级以上地方人民政府环境保护行政主管部门。运输危险废物，必须采取防止污染环境的措施，并遵守国家有关危险货物运输管理的规定。禁止将危险废物与旅客在同一运输工具上载运。违反上述规定的，由县级以上人民政府生态环境部门责令停止违法行为，限期改正，处以罚款。

收集、贮存、运输、处置危险废物的场所、设施、设备和容器、包装物及其他物品转作他用时，必须经过消除污染的处理，方可使用。

产生、收集、贮存、运输、利用、处置危险废物的单位，应当制定意外事故的防范措施和应急预案，并向所在地县级以上地方人民政府环境保护行政主管部门备案；环境保护行政主管部门应当进行检查。

因发生事故或者其他突发性事件，造成危险废物严重污染环境的单位，必须立即采取措施消除或者减轻对环境的污染危害，及时通报可能受到污染危害的单位和居民，并向所在地县级以上地方人民政府环境保护行政主管部门和有关部门报告，接受调查处理。在发生或者有证据证明可能发生危险废物严重污染环境、威胁居民生命财产安全时，县级以上地方人民政府环境保护行政主管部门或者其他固体废物污染环境防治工作的监督管理部门必须立即向本级人民政府和上一级人民政府有关行政主管部门报告，由人民政府采取防止或者减轻危害的有效措施。有关人民政府可以根据需要责令停止导致或者可能导致环境污染事故的作业。

【风险提示】

以填埋方式处置危险废物不符合国务院生态环境部门规定的，应当缴纳危险废物排污费。危险废物排污费用于污染环境的防治，不得挪作他用。对不按照国家规定缴纳危险废物排污费的，限期缴纳；逾期不缴纳的，处应缴纳危险废物排污费金额 1 倍以上 3 倍以下的罚款。

此外，法律还明确规定，禁止经中华人民共和国过境转移危险废物。违反者由海关责令退运该危险废物，可以并处 5 万元以上 50 万元以下的罚款。

【相关案例】

案例 1　汕头市茂佳经贸有限公司进口国家禁止进口的固体废物案

汕头市茂佳经贸有限公司申报进口品名为"残极甑炭块"的货物，经鉴定，该批货物属于国家禁止进口的固体废物。根据固体废物污染环境防治法第 78 条第 1 款的规定，"违反本法规定，将中华人民共和国境外的固体废物进境倾倒、堆放、处置的，进口属于禁止进口的固体废物或者未经许可擅自进口属于限制进口的固体废物用作原料的，由海关责令退运该固体废物，可以并处十万元以上一百万元以下的罚款；构成犯罪的，依法追究刑事责任……"，其进口上述国家禁止进口固体废物 226.23 吨的行为，是违反国家进出口管理规定的行为。故中华人民共和国汕头海关依法责令其退运。

本案经过一审和二审，二审法院认定，本案中被上诉人汕头市茂佳经贸有限公司以"残极甄炭块"为品名申报进口货物，上诉人中华人民共和国汕头海关经委托深圳出入境检验检疫局和中国环境科学研究院固体废物污染控制技术研究所对被上诉人进口的货物进行鉴定，确定该批货物为国家禁止进口的固体废物，上诉人依据上述法律规定作出涉案责令退运决定事实和法律依据充分，原审判决据此作出认定正确，予以确认。

案例 2　中建铁路建设有限公司与刘某某、丹东市联峰土石方工程有限公司环境污染责任纠纷案

中建铁路建设有限公司（以下简称中建公司）指定的弃砟场与刘某某的五味子园相邻，只有两三米的距离。弃砟场没有绿化植被，造成粉尘污染。被告修建隧道产生的石料渣土拉运至弃砟场也途经原告的五味子园，拉运、倾倒石料渣土时尘土飞扬，原告种植的五味子及银杏树出现死亡，为此原告多次找过被告中建公司，要求解决问题，但双方始终未能协商达成一致。

本案经过一审、二审，二审法院认为，所谓污染者，是指污染源的控制者与排放者。在上诉人开凿隧道前，土和石头的确不是污染物，但由于上诉人中建公司的建设施工行为，产生了施工垃圾——渣土、石末为粉尘污染介质，形成了粉尘污染源，影响了人类健康和生产生活，影响了生物生存和发展，符合环境污染的现象特征。固体废物污染环境防治法第46条规定，工程施工单位应当及时清运工程施工过程中产生的固体废物，并按照环境卫生行政主管部门的规定进行利用或者处置。由此可见，上诉人对其施工过程中产生的石料渣土有依法防治污染的责任和义务。

案例3 广州市番禺区人民检察院诉被告广州市番禺区环境保护局不履行法定职责案

黎某某等人为谋取非法利益承租高岗附近山地搭建简易作坊，四处收购无水亚硫酸钠等废料用来炼金，炼金过程产生的废酸、含酸废水倾倒于该作坊周边土地。第四环境保护所接群众举报后查处上述非法炼金作坊，经应急处理，废物处理费由石楼镇人民政府垫付。公益诉讼人向被告发出检察建议书，建议其依法履行法定职责并及时向黎某某等人追索处理费用。截至目前，未对相关责任人作出追缴危险废物处置费用的行政决定，也未就追索处置费用向广州市番禺区人民法院提起民事诉讼。

人民法院认定，被告对涉案的危险废物的处置负有行政管理职责，对代为处置产生的费用也负有向相关责任单位或个人追收的行政职责。公益诉讼人向其发出检察建议书后，被告至今仍未对相关责任人作出追缴危险废物处置费用的行政决定，也未就追索处置费用向广州市番禺区人民法院提起民事诉讼，导致国有资产仍处于流失状态，应当依法被确认为违法。

【法条指引】

中华人民共和国固体废物污染环境防治法（节录）

第三条第一款 国家对固体废物污染环境的防治，实行减少固体废物的产生量和危害性、充分合理利用固体废物和无害化处置固体废物的原则，促进清洁生产和循环经济发展。

第五条 国家对固体废物污染环境防治实行污染者依法负责的原则。

产品的生产者、销售者、进口者、使用者对其产生的固体废物依法承担污染防治责任。

第六条 国家鼓励、支持固体废物污染环境防治的科学研究、技术开发、推广先进的防治技术和普及固体废物污染环境防治的科学知识。

各级人民政府应当加强防治固体废物污染环境的宣传教育，倡导有利于环境保护的生产方式和生活方式。

第七十六条 违反本法规定，危险废物产生者不处置其产生的危险废物又不承担依法应当承担的处置费用的，由县级以上地方人民政府环境保护行政主管部门责令限期改正，处代为处置费用一倍以上三倍以下的罚款。

第七节　合理开发利用中的环境管理

【规则要点】

本节所谓的能源合理利用法律制度仅指形式意义的能源法中有关节约能源、可再生能源、矿产资源等合理开发利用法律规范的总称，着眼于能源规制与环境保护的关系方面。包括开发矿产资源过程中的环境管理制度，煤炭法中的环境保护管理规定以及我国法律规定中的促进可再生能源发展和节约能源的制度。

【理解与适用】

一、合理开发利用能源法律制度概述

（一）能源的概念

能源，是指能为人类提供某种形式能量的物质资源。按能源的生成方式，可以将能源分为天然能源（一次能源）和人工能源（二次能源）两大类。天然能源，是指自然界中以天然的形式存在并没有经过加工或转换的能量资源，如煤炭、石油、天然气、核燃料、风能、水能、太阳能、地热能、海洋能、潮汐能等；人工能源，是指由一次能源直接或间接转换成其他种类和形式的能量资源，如煤气、汽油、煤油、柴油、电力、蒸汽、热水、氢气、激光等。

其中，已被人类广泛利用并在人类生活和生产中起到重要作用的能源，称为常规能源，通常是指煤炭、石油、天然气、水能等四种。而新近才被人类开发利用、有待于进一步研究发展的能量资源称为新能源，相对于常规能源而言，在不同历史时期和科学技术水平的情况下，新能源有不同的含义和内容。

（二）能源与环境问题

能源开发利用带来的环境问题，主要表现在能源在开发利用过程中产生的环境污染和自然破坏方面，其中既有合理开发利用，也有不合理开发利用的结果。例如，人类大量燃烧煤炭除了可以造成酸雨、湖泊酸化、森林死亡外，还可以导致全球气候变暖；不适当的水电开发工程不仅不能达到预期开发目标，而且还会带来严重的生态危机；而鼓励发展汽车的政策还会造成能源过量使用和环境污染的增加。过去的经验告诉我们，在每次能源危机的同时一定还会伴随着自然资源的危机和人类生存环境的危机问题。因此，节约能源和合理开发利用能源同环境与资源保护的关系是至关密切的。

（三）能源法的范围

能源法的概念有形式意义和实质意义之分。形式意义的能源法，是指能源法律规范借以表现的各种形式；实质意义的能源法，是指调整能源合理开发、加工转换、储运、供应、贸易、利用及其规制，保证能源安全、有效、持续供给的能源法律规范的总称。

本节所谓的能源合理利用法律制度仅指形式意义的能源法中有关节约能源、可再生能源、矿产资源等合理开发利用法律规范的总称，着眼于能源规制与环境保护的关系方面。

目前，各国将能源法的重点放在确保充足的能源供应而不是提供一个重在最大限度地提高效率、尊重生态或确保所有的使用者平等使用的体系之上。所以有人认为，能源法是在不考虑对环境的有害影响的情况下发展起来的。目前各国能源立法的主要方向是：提升国家电力网络，将更多资金注入新能源技术，发展替代能源，推进可再生能源的使用以及通过法律促进企业有关节能降耗事业的发展。

在中国，现行与节能、可再生能源利用有关的法律是《中华人民共和国节约能源法》和《中华人民共和国可再生能源法》。依照节约能源法的解释，中国法律规定中的能源，是指煤炭、石油、天然气、生物质能和电力、热力以及其他直接或者通过加工、转换而取得有用能的各种资源。既包括天然能源，也包括人工能源。

此外，《中华人民共和国矿产资源法》《中华人民共和国煤炭法》《中华人民共和国电力法》《中华人民共和国石油天然气管道保护法》也属于中国能源立法的范畴。

二、开发矿产资源的环境保护管理

（一）矿产资源法的环境保护规定

矿产资源，是指由地质作用形成的，具有利用价值的，呈固态、液态、气态的自然资源。按照国务院制定的《中华人民共和国矿产资源法实施细则》的规定，矿产资源分为能源矿产、金属矿产、非金属矿产和水气矿产四类。

矿产资源具有有限性、非再生性、不均衡性等特点。目前，矿产资源在开发利用和保护过程中存在着矿山资源回收率低、矿产资源耗损严重、掠夺开采，破坏矿产资源、环境污染等问题。

由于地下水资源具有水资源和矿产资源的双重属性，为此在地下水资源的管理方面，依照矿产资源法实施细则的规定，地下水资源的勘查，适用矿产资源法与该细则的规定；地下水的开发、利用、保护和管理，适用水法和有关的行政法规。

根据矿产资源法的规定，国务院地质矿产部门主管全国矿产资源勘查、开采的监督管理工作。国务院有关主管部门协助国务院地质矿产部门进行矿产资源勘查开采和监督管理工作。

（二）矿产资源法有关合理开发利用的规定

1. 明确矿产资源的所有权、探矿权和采矿权

中国实行的是单一的矿产资源国家所有权制度，由国务院行使国家对矿产资源的所有权。地表或者地下的矿产资源的国家所有权，不因其所依附的土地的所有权或者使用权的不同而改变。

矿产资源法规定，对勘查、开采矿产资源实行许可证制度和探矿权、采矿权的有偿取得制度。从矿产资源的勘查直到开采，都必须依法分别申请，以取得探矿权、采矿权，并办理登记。非经法律规定不得转让探矿权、采矿权，禁止将探矿权、采矿权倒卖牟利。

2. 矿产资源勘查、开采过程中的管理

矿产资源法规定，国家对矿产资源的勘查、开发实行统一规划、合理布局、综合勘查、合理开采和综合利用的方针。矿产资源勘查登记由国务院地质矿产部门进行；特定矿种的矿产资源勘查登记工作，可以由国务

授权有关主管部门负责。对国家规划矿区、对国民经济具有重要价值的矿区和国家规定实行保护性开采的特定矿种，实行有计划的开采。

3. 开发利用矿产资源过程中的环境保护规定

矿产资源法规定，对矿产资源的勘查、开发，实行统一规划、合理布局、综合勘查、合理开采和综合利用的方针。对矿产资源勘查实行登记和对开采实行审批制度。开采矿产资源必须采取合理的开采顺序、开采方法和选矿工艺。矿山企业的开采回采率、采矿贫化率和选矿回收率（简称三率，是合理开发利用与保护矿产资源的重要标志）应当达到设计要求。

在开采主要矿产的同时，对具有工业价值的共生和伴生矿产应当统一规划，综合开采，综合利用，防止浪费；对暂时不能综合开采或者必须同时采出而暂时还不能综合利用的矿产以及含有有用成分的尾矿，应当采取有效的保护措施，防止损失破坏。

对于开采矿产资源者，要求必须遵守国家劳动安全卫生、环境保护的法律规定。并且应当节约用地。耕地、草原、林地因采矿受到破坏的，矿山企业应当因地制宜地采取复垦利用植树种草或者其他利用措施。

开采矿产资源给他人生产、生活造成损失的，应当负责赔偿，并采取必要的补救措施。具体补偿方式依照法律规定执行。探矿权人在没有农作物和其他附着物的荒岭、荒坡、荒地、荒漠、沙滩、河滩、湖滩、海滩上进行勘查的，不予补偿。开采矿产资源必须按照国家规定缴纳资源税和资源补偿费。

三、煤炭法对煤炭生产开发中的保护管理规定

（一）概述

为了合理开发利用和保护煤炭资源，规范煤炭生产、经营活动，促进和保障煤炭行业的发展，中国于 1996 年颁布了煤炭法。该法除了对煤炭的生产经营活动予以规范外，对合理开发利用和保护煤炭资源也作出了明确的规定。

煤炭资源为国家所有。国家对煤炭开发实行统一规划、合理布局、综合利用的方针。国家依法保护煤炭资源，禁止任何乱采、滥挖破坏煤炭资源的行为。国家鼓励和支持在开发利用煤炭资源过程中采用先进的科学技术和管理方法，煤矿企业应当加强和改善经营管理，提高劳动生产率和经

济效益。

国务院煤炭管理部门依法负责全国煤炭行业的监督管理。国务院有关部门在各自的职责范围内负责煤炭行业的监督管理。县级以上地方人民政府煤炭管理部门和有关部门依法负责本行政区域内煤炭行业的监督管理。

(二) 煤炭资源的合理开发利用

国家提倡和支持煤矿企业和其他企业发展煤电联产、炼焦、煤化工、煤建材等,进行煤炭的深加工和精加工。国家鼓励煤矿企业发展煤炭洗选加工,综合开发利用煤层气、煤矸石、煤泥、石煤和泥炭。国家发展和推广洁净煤技术。国家采取措施取缔土法炼焦,禁止新建土法炼焦窑炉;现有的土法炼焦限期改造。

(三) 开发利用煤炭资源的环境保护规定

开发利用煤炭资源,应当遵守有关环境保护的法律、法规,防治污染和其他公害,保护生态环境。煤矿建设使用土地,应当依照有关法律、行政法规的规定办理。征收土地的,应当依法支付土地补偿费和安置补偿费,做好迁移居民的安置工作。煤矿建设应当贯彻保护耕地、合理利用土地的原则。地方人民政府对煤矿建设依法使用土地和迁移居民,应当给予支持和协助。煤矿建设应当坚持煤炭开发与环境治理同步进行。煤矿建设项目的环境保护设施必须与主体工程同时设计、同时施工、同时验收、同时投入使用。对因开采煤炭压占土地或者造成地表土地塌陷、挖损,由采矿者负责进行复垦,恢复到可供利用的状态;造成他人损失的,应当依法给予补偿。

四、促进可再生能源的开发利用

(一) 可再生能源的概念和立法发展

可再生能源有广义和狭义之分,广义的可再生能源泛指所有可以再生利用的能源。

中国是一个能源消耗大国,能源资源少、结构不合理、利用效率低和环境污染重等问题非常突出。中国目前以煤炭为主的能源消费结构已经造成了严重的大气污染,化石燃料消费形成的大量二氧化碳也是造成全球气候变暖的主要原因。

为了促进可再生能源的开发利用,增加能源供应,改善能源结构,保障能源安全,保护环境,实现经济社会的可持续发展,全国人大常委会于

2005 年制定了可再生能源法。该法规定，可再生能源特指风能、太阳能、水能、生物质能、地热能、海洋能等非化石能源。

（二）可再生能源利用的基本原则

为了促进可再生能源的开发利用，可再生能源法确立了以下基本原则：

1. 国家责任和全民义务相结合原则

只有明确规定政府在可再生能源发展中的责任，并明确规定由全体能源消费者承担可再生能源发展的相关费用，才有可能推动可再生能源进入大规模的商业化发展阶段，使之能与常规能源相竞争。

为此，可再生能源法规定，国家将可再生能源的开发利用列为能源发展的优先领域，通过制定可再生能源开发利用总量目标和采取相应措施，推动可再生能源市场的建立和发展。

2. 政府引导和市场运作相结合原则

在可再生能源发展现有阶段，政府仍然是举足轻重的推动力量。政府的主要职责是营造市场、制定市场规则和规范市场运行等，为可再生能源同常规能源竞争创造公平的市场环境，引导和激励各类经济主体积极参与到可再生能源的开发利用中来。

为此，可再生能源法规定，国家鼓励各种所有制经济主体参与可再生能源的开发利用，依法保护可再生能源开发利用者的合法权益。

3. 当前需求和长远发展相结合原则

为合理安排并使用能源，一方面要加快解决部分地区特别是农村和偏远地区缺乏电力等现代能源的迫切需要，另一方面也要从长远考虑，促进风力发电、生物质能发电、太阳能发电和生物液体燃料等新兴技术的开发利用，推进新兴可再生能源产业的成长，缓解中国长期面临的能源安全和环境安全问题。

（三）可再生能源基本法律制度

1. 总量目标制度

可再生能源总量目标，是指政府能源部门在调查研究的基础上确立的可再生能源开发利用中长期总量目标。在可再生能源开发利用比较先进的国家，通常都根据可再生能源发展目标，制定详细的、具有法律效力的规划，指导和规范可再生能源开发利用。

可再生能源法确立的可再生能源总量目标制度包括以下几个方面：一

是实行全国可再生能源资源调查；二是编制全国可再生能源开发利用中长期总量目标及其规划；三是可再生能源并网发电审批和全额收购。

2. 可再生能源上网电价与费用分摊制度

根据电价改革的实际情况和促进可再生能源开发利用的要求，并借鉴一些发达国家的成功经验，法律规定按照风力发电、太阳能发电、小水电、生物质能发电等不同的技术类型和各地不同的条件，分别规定不同的上网电价。

这一价格机制将使可再生能源发电投资者获得相对稳定和合理的回报，引导他们向可再生能源发电领域投资，从而加快可再生能源开发利用的规模化和商业化。但随着可再生能源发电领域科技进步、规模扩大和管理水平的提高，可再生能源发电成本会逐步下降，也需要适时调整上网电价，以降低价格优惠。

3. 可再生能源专项资金和税收、信贷鼓励措施

（1）国家财政设立可再生能源发展基金

资金来源包括国家财政年度安排的专项资金和依法征收的可再生能源电价附加收入等。可再生能源发展基金用于补偿可再生能源发电企业的电费差额，并用于支持可再生能源开发利用的科研和工程、农牧区生活用能的可再生能源利用项目、偏远地区和海岛可再生能源独立电力系统建设等方面。

（2）提供有财政贴息的优惠贷款

对列入国家可再生能源产业发展指导目录、符合信贷条件的可再生能源开发利用项目，金融机构可以提供有财政贴息的优惠贷款。

（3）给予税收优惠

国家对列入可再生能源产业发展指导目录的项目给予税收优惠。

五、节约能源

（一）节能的意义

依照节约能源法的解释，节能，是指加强用能管理，采取技术上可以承受的措施，减少从能源生产到消费各个环节中的损失和浪费，更加有效、合理地利用能源。

鉴于能源是发展国民经济和提高人民生活水平的重要物质基础，所以

节约能源是合理有效地利用能源、缓解能源紧缺状况、提高企业经济效益和保护环境的重要措施。大力开展节能工作，进一步提高能源利用水平，是中国经济发展的一项长远战略方针。

（二）节约能源法律制度的主要内容

1. 将节能纳入中国的基本国策

节约与开发并举、把节约放在首位是中国的能源发展战略。

2. 实行固定资产投资项目节能评估和审查制度

在对固定资产投资工程项目进行研究论证时，必须对建设项目本身能源利用的合理性进行专题论证，使各项用能指标达到规定要求，避免出现新增用能项目的能源浪费与用能不合理的情况，把固定资产投资项目的经济效益与环境保护、合理使用能源统一起来，使国家的经济建设、环境保护、能源利用相互协调。对不符合强制性节能标准的项目，项目审批或者核准的机关不得批准或者核准建设；建设单位不得开工建设；已经建成的，不得投入生产、使用。

3. 实行节能标准与能效标识制度

国务院标准化主管部门和国务院有关部门依法组织制定并适时修订有关节能的国家标准、行业标准，建立健全节能标准体系。同时鼓励企业制定严于国家标准、行业标准的企业节能标准。对家用电器等使用面广、耗能量大的用能产品，实行能源效率标识管理。生产者和进口商应当对列入国家能源效率标识管理产品目录的用能产品标注能源效率标识，在产品包装物上或者说明书中予以说明，并按照规定报国务院产品质量监督部门和国务院管理节能工作部门共同授权的机构备案。生产者和进口商应当对其标注的能源效率标识及相关信息的准确性负责。禁止销售应当标注而未标注能源效率标识的产品。

用能产品的生产者、销售者，可以根据自愿原则，按照国家有关节能产品认证的规定，向经国务院认证认可、监督管理部门认可的从事节能产品认证的机构提出节能产品认证申请；经认证合格后，取得节能产品认证证书，可以在用能产品或者其包装物上使用节能产品认证标志。

4. 实行落后用能产品淘汰制度

国家对落后的耗能过高的用能产品、设备和生产工艺实行淘汰制度。淘汰的用能产品、设备、生产工艺的目录和实施办法，由国务院管理节能工作的部门会同国务院有关部门制定并公布。生产过程中耗能高的产品的生产单位，应当执行单位产品能耗限额标准。对超过单位产品能耗限额标准用能的生产单位，由管理节能工作的部门按照国务院规定的权限责令限期治理。

5. 实行重点用能单位管理制度

依照节约能源法的规定，所谓重点用能单位，是指年综合能源消费总量 1 万吨标准煤以上的用能单位，以及国务院有关部门或者省级人民政府节能部门指定的年综合能源消费总量 5000 吨以上不满 1 万吨标准的用能单位。

重点用能单位应当每年向管理节能工作的部门报送上年度的能源利用状况报告。能源利用状况包括能源消费情况、能源利用效率、节能目标完成情况和节能效益分析、节能措施等内容。管理节能工作的部门应当对重点用能单位报送的能源利用状况报告进行审查。

6. 对节能的财政支持措施

中央财政和省级地方财政安排节能专项资金，支持发展和推广通用节能技术和节能工程。国家制定优惠政策，对节能先进技术、节能示范工程和节能推广项目给予支持。

【风险提示】

煤矿建设项目的环境保护设施必须与主体工程同时设计、同时施工、同时验收、同时投入使用。对因开采煤炭压占土地或者造成地表土地塌陷、挖损，由采矿者负责进行复垦，恢复到可供利用的状态；造成他人损失的，应当依法给予补偿。

【相关案例】

案例 1　某养殖厂与某煤矿、某矿务公司、某村委会财产损害赔偿纠纷案

经审查查明：1997 年至 1998 年间，某煤矿马坡井 1910、1912 等因工作面采煤，造成某村民房及公共设施塌陷下沉，房屋开裂。1998 年，该村的民房搬迁工作已处理结束，但剩余的房屋及附属设施机械设备等未

处理。

　　本案经过一审、二审、再审，再审法院认为：煤炭法（1996 年）第
32 条规定，因开采煤炭压占土地或者造成地表土地塌陷、挖损，由采矿者
负责进行复垦，恢复到可供利用的状态；造成他人损失的，应当依法给予
补偿。本案中，某矿务公司、某煤矿采煤造成某村民房及公共设施毁损
后，已经依据上述规定对某村的民房作出搬迁处理；对剩余的房屋及附属
设施机械设备等，与某村委会共同进行丈量、统计，并根据省、市两级政
府相关文件规定的拆迁补偿标准，确定拆迁补偿项目及数额，并在当地镇
政府的鉴证下达成了拆迁补偿协议，该拆迁补偿协议亦报经县人民政府批
准后，某矿务公司、某煤矿按约将拆迁补偿款拨给铜山国土局，铜山国土
局将该拆迁补偿款转付给某村委会，某养殖厂从某村委会领取了相应的拆
迁补偿款。某养殖厂实际是针对其机器设备项目的确认和拆迁补偿的标准
有争议，而该争议并不属于人民法院民事案件的受理范围，故一、二审法
院裁定驳回其起诉，并无不当。

案例 2　杜某某与中山市美风电器有限公司、广东名家汇电器有限公司网络购物合同纠纷案

　　原告杜某某因生活需要，在被告中山市美风电器有限公司（以下简称
美风公司）经营的天猫网店购买了 2 件"名家汇隐形扇带灯吊扇灯 LED 电
风扇灯现代简约餐厅客厅电扇灯遥控"装饰吊扇，原告购买时，见其网页
上宣称吊扇为"一级能效""静音、稳定、节能"，认为其产品质量应该非
常优秀，应该很省电，但收到后发现根本就没有能效标识，在"中国能效
标识网"上也查不到产品及厂家的能效标准备案。根据产品质量法第 33
条规定，销售者应当建立并执行进货检查验收制度，验明产品合格证明和
其他标识；节约能源法第 19 条第 2 款中规定，禁止销售应当标注而未标注
能源效率标识的产品。

　　法院认定：原告杜某某与被告美风公司之间的网络购物合同合法有
效，受法律保护。本案中，美风公司在其网页中宣称其销售的吊扇能效
等级为"一级"，但该吊扇实际并未有"能效等级一级"的标识，被告
广东名家汇电器有限公司也明确承认其产品未标注能效等级，而该吊扇
的"节能"方面为美风公司网页宣传商品的一个卖点，故美风公司宣传
其所售商品"能效等级一级"与实际不符，虚假提高了商品的能效性，

其目的是诱使消费者购买，属于虚假宣传，构成欺诈，美风公司应承担相应责任。

【法条指引】

中华人民共和国可再生能源法（节录）

第十九条 可再生能源发电项目的上网电价，由国务院价格主管部门根据不同类型可再生能源发电的特点和不同地区的情况，按照有利于促进可再生能源开发利用和经济合理的原则确定，并根据可再生能源开发利用技术的发展适时调整。上网电价应当公布。

依照本法第十三条第三款规定实行招标的可再生能源发电项目的上网电价，按照中标确定的价格执行；但是，不得高于依照前款规定确定的同类可再生能源发电项目的上网电价水平。

中华人民共和国矿产资源法（节录）

第五条 国家实行探矿权、采矿权有偿取得的制度；但是，国家对探矿权、采矿权有偿取得的费用，可以根据不同情况规定予以减缴、免缴。具体办法和实施步骤由国务院规定。

开采矿产资源，必须按照国家有关规定缴纳资源税和资源补偿费。

第七条 国家对矿产资源的勘查、开发实行统一规划、合理布局、综合勘查、合理开采和综合利用的方针。

中华人民共和国节约能源法（节录）

第三条 本法所称节约能源（以下简称节能），是指加强用能管理，采取技术上可行、经济上合理以及环境和社会可以承受的措施，从能源生产到消费的各个环节，降低消耗、减少损失和污染物排放、制止浪费，有效、合理地利用能源。

第四条 节约资源是我国的基本国策。国家实施节约与开发并举、把节约放在首位的能源发展战略。

第七条 国家实行有利于节能和环境保护的产业政策，限制发展高耗能、高污染行业，发展节能环保型产业。

国务院和省、自治区、直辖市人民政府应当加强节能工作，合理调整产业结构、企业结构、产品结构和能源消费结构，推动企业降低单位产值能耗和单位产品能耗，淘汰落后的生产能力，改进能源的开发、加工、转换、输送、储存和供应，提高能源利用效率。

国家鼓励、支持开发和利用新能源、可再生能源。

第八条　国家鼓励、支持节能科学技术的研究、开发、示范和推广，促进节能技术创新与进步。

国家开展节能宣传和教育，将节能知识纳入国民教育和培训体系，普及节能科学知识，增强全民的节能意识，提倡节约型的消费方式。

第八节　能量流污染控制法律制度

【规则要点】

能量流污染主要包括环境噪声污染和放射性污染等。

环境噪声，是指在工业生产、建筑施工、交通运输和社会生活中所产生的干扰周围生活环境的声音。对环境噪声污染的防治，包括治理和预防两个方面，《中华人民共和国环境噪声污染防治法》规定了相应的法律制度。依照《中华人民共和国放射性污染防治法》的规定，放射性污染，是指由于人类活动造成物料、人体、场所、环境介质表面或者内部出现超过国家标准的放射性物质或者射线的现象。放射性污染防治法主要对核设施、核技术利用、铀（钍）矿和伴生放射性矿开发利用以及放射性废物的管理作出了规定。

【理解与适用】

一、环境噪声污染防治法

（一）概述

目前，中国的环境噪声与环境噪声污染主要发生在人口密集的城市，并且城市噪声的影响范围正在逐年扩大。

在对环境噪声及其污染的控制方面，总体上讲，环境噪声污染的防治，不仅包括对已经造成污染的环境噪声进行治理，而且很重要的一点是对可能产生干扰危害的环境噪声予以控制。由于环境噪声所具有的特点，环境噪声及其污染的防治所采取的主要措施是从控制声源和声的传播途径两个方面展开的。

当然，控制环境噪声的危害还应当包括对接收者进行保护，主要方法是采取佩带护耳器以及减少在噪声环境中的暴露时间，从而防止噪声对人的危害。然而，目前各国环境噪声污染防治立法主要是针对声源和传声途径采取规范措施，对环境噪声及其污染造成工作场所以外周围环境的干扰进行控制。在诸如工矿企业有关从事产生噪声的业务活动及其场所内生产、经营人员的噪声防护方面，由于他们的工作属于职业行为，因此对他们可能受到噪声危害的防护主要应当通过劳动、卫生立法来进行调整。

在世界各国噪声控制立法中，企业内部的噪声防护一般都不受噪声控制法的调整。

（二）环境噪声污染防治的主要法律制度

1. 防治噪声污染的综合性制度

除了执行环境污染防治的基本法律制度外，环境噪声污染防治法对噪声的防治规定了以下综合性制度和措施：

（1）对编制城市规划的总体要求

城市规划部门在确定建设布局时应当依据国家声环境质量标准和民用建筑隔声设计规范，合理划定建筑物与交通干线的防噪声距离，并提出相应的规划设计要求。

（2）实行声环境质量标准制度

声环境质量标准是衡量区域环境是否受到环境噪声污染的客观判断标准，也是制定环境噪声排放标准的主要依据。同时，声环境质量标准还是城市规划部门划定建筑物与交通干线防噪声距离的法定标准之一。目前，中国执行的是《声环境质量标准》（GB3096—2008）。

除此之外，还制定有《机场周围飞机噪声环境标准》（GB9660—88）等声环境质量标准。

县级以上地方人民政府根据国家声环境质量标准，划定本行政区域内各类声环境质量标准的适用区域,并进行管理。

(3) 对排放偶发性强烈噪声的特别规定

为防止在城市范围内从事生产活动排放偶发性强烈噪声扰民,在城市范围内从事生产活动确需排放偶发性强烈噪声的,必须事先向当地公安机关提出申请,经批准后方可进行。当地公安机关应当向社会公告。对违反者,由公安机关根据不同情节给予警告或者处以罚款。

2. 工业噪声污染防治

工业噪声,是指在工业生产活动中使用固定的设备时产生的干扰周围生活环境的声音。环境噪声污染防治法第23条规定,在城市范围内向周围生活环境排放工业噪声的,应当符合国家规定的工业企业厂界环境噪声排放标准。

在工业生产中因使用固定的设备造成环境噪声污染的工业企业,必须按照国务院环境保护行政主管部门的规定,向所在地的县级以上地方人民政府环境保护行政主管部门申报拥有的造成环境噪声污染的设备的种类、数量以及在正常作业条件下所发出的噪声值和防治环境噪声污染的设施情况,并提供防治噪声污染的技术资料。

对可能产生环境噪声污染的工业设备,由国务院有关主管部门根据声环境保护的要求和国家的经济、技术条件,逐步在依法制定的产品的国家标准、行业标准中规定噪声限值。

建筑施工噪声,是指在建筑施工过程中产生的干扰周围生活环境的声音。在城市市区噪声敏感建筑物集中区域内,禁止夜间进行产生环境噪声污染的建筑施工作业。但抢修、抢险作业和因生产工艺上要求或者特殊需要必须连续作业的除外。因特殊需要必须连续作业的,必须有县级以上人民政府或者其有关主管部门的证明,对于夜间作业的,还必须公告附近居民。对违反者可予以责令改正和并处罚款。

4. 交通运输噪声污染防治

交通运输噪声,是指机动车辆(特指汽车和摩托车)、铁路机车、机动船舶、航空器等交通运输工具在运行时所产生的干扰周围生活环境的声音。

交通运输噪声主要来源于机动车发动机的声音和机动车运行于道路摩擦产生的声音。因此交通运输噪声的控制主要包括以下几个方面:

（1）声响装置噪声限值的规定

在城市市区范围内行驶的机动车辆所使用的消声器和喇叭，必须符合国家规定的要求。

（2）对声响装置使用的规定

为防止机动车辆、机动船舶以及铁路机车所使用的声响装置对周围环境造成噪声干扰，使用者必须按照规定使用声响装置。对于安装警报器的特种机动车辆，规定在执行非紧急任务时禁止使用警报器。对违反者，机动车辆由当地公安机关根据不同情节给予警告或者处以罚款；机动船舶由港务监督机构根据不同情节给予警告或者处以罚款；铁路机车由铁路主管部门对有关责任人员给予行政处分。

机动车辆使用的声响装置往往是瞬间性的，这种突发性的瞬间噪声容易导致人体精神受到伤害或诱发其他疾病。为此，城市人民政府、公安机关可以根据本地城市市区区域声环境保护的需要，划定禁止机动车辆行驶和禁止其使用声响装置的路段和时间，并向社会公告。

（3）对道路建设的规定

对于建设途经已有噪声敏感建筑物集中区域的高速公路、城市高架或轻轨道路，有可能造成环境噪声污染的，应当设置声屏障或者采取其他有效控制环境噪声污染的措施。另外，对于在已有的城市交通干线的两侧建设噪声敏感建筑物的，建设单位应当按照国家规定间隔一定距离，并采取减轻、避免交通噪声影响的措施。

（4）对交通枢纽地区噪声控制的规定

在车站、铁路编组站、港口、码头、航空港等地指挥作业时使用广播喇叭的，应当控制音量，减轻噪声对周围生活环境的影响。穿越城市居民区、文教区的铁路，因铁路机车运行造成环境噪声污染的，当地城市人民政府应当组织铁路部门和其他有关部门，制定减轻环境噪声污染的规划，铁路部门应当遵守该规划的要求，采取减轻环境噪声污染的措施。

（5）对航空器噪声的控制

除起飞、降落或者依法规定的情形以外，民用航空器不得飞越城市市区上空。城市人民政府应当在航空器起飞、降落的净空周围划定限制建设噪声敏感建筑物的区域；在该区域内建设噪声敏感建筑物的，建设单位应当采取减轻、避免航空器运行时产生的噪声影响的措施。民航部门也应当采取有效措施，减轻环境噪声污染。

5. 社会生活噪声污染防治规定

社会生活噪声，是指人为活动所产生的除工业噪声、建筑施工噪声和交通运输噪声之外的干扰周围生活环境的声音。

环境噪声污染防治法主要对商业经营活动、营业性文化娱乐场所、饮食服务业、住宅楼室内装修等行为产生的噪声作出了控制性规定。

（1）对商业经营活动、营业性文化娱乐场所排放噪声的控制

在城市市区噪声敏感建筑物集中区域方面，因商业经营活动中使用固定设备造成环境噪声污染的商业企业，必须向其所在地生态环境部门申报拥有的造成环境噪声污染的设备状况和防治环境噪声污染的设施情况。

近年来，随着人民生活水平的不断提高和第三产业的迅速发展，各地兴建了大量的文化娱乐设施，由于这些设施不定期、不定时地开放和经营，其排放的噪声对周围生活环境产生了很大的影响。

（2）对饮食服务业排放噪声的控制

根据环境噪声污染防治法的规定，禁止在城市市区噪声敏感建筑物集中区域使用高音广播喇叭，并禁止在商业经营活动中以使用高音广播喇叭或者采用其他发出高噪声的方法来招揽顾客。对于在商业经营活动中使用空调器、冷却塔等可能产生环境噪声污染的设备、设施的，其经营管理者应当采取措施，使其边界噪声不超过国家规定的环境噪声排放标准。在城市市区街道、广场、公园等公共场所组织娱乐、集会等活动，使用音响器材可能产生干扰周围生活环境的过大音量的，必须遵守和服从当地公安机关的规定。

（3）对住宅楼室内装修等室内行为排放噪声的控制

对于住宅楼进行室内装修的，该法也规定应当限制作业时间，以避免对周围居民造成环境噪声污染。使用家用电器、乐器或者进行其他家庭室内娱乐活动时，应当控制音量或者采取其他有效措施，避免对周围居民造成环境噪声污染。

对违反上述规定者，由公安部门根据环境噪声污染防治法和《中华人民共和国治安管理处罚法》的规定予以处罚。

二、放射性污染防治法

（一）概述

放射性物质，是指能够产生放射性以及辐射的元素及其化合物。依照放射性污染防治法的规定，放射性污染，是指由于人类活动造成物料、人体、场所、环境介质表面或者内部出现超过国家标准的放射性物质或者射线的现象。

为了防治放射性污染，保护环境，保障人体健康，促进核能、核技术的开发与和平利用，2003 年 6 月，全国人大常委会制定了放射性污染防治法。

（二）放射性污染防治的法律制度

放射性污染防治法主要对核设施、核技术利用、铀（钍）矿和伴生放射性矿开发利用以及放射性废物的管理作出了规定，该法适用于中国领域和管辖的其他海域在核设施选址、建造、运行、退役和核技术、铀（钍）矿、伴生放射性矿开发利用过程中发生的放射性污染的防治活动。

劳动者在职业活动中接触放射性物质造成的职业病的防治，依照《中华人民共和国职业病防治法》的规定执行。

1. 放射性污染防治的综合管理措施

（1）确立了安全管理方针

放射性污染防治法规定，国家对放射性污染的防治，实行预防为主、防治结合、严格管理、安全第一的方针。

（2）规定了放射性污染防治标准

放射性污染防治标准属于排放标准性质。国家放射性污染防治标准由国务院生态环境部门根据环境安全要求、国家经济技术条件制定。

目前，中国主要制定有《核动力厂环境辐射防护规定》（GB6249—2011）、《核电厂放射性液态流出物排放技术要求》（GB14587—2011）、《放射性废物的分类》（GB9133—1995）（已废止）、《核热电厂辐射防护规定》（GB14317—93）、《放射性废物管理规定》（GB14500—93）、《辐射防护规定》（GB8703—88）、《核设施流出物监测的一般规定》（GB11217—89）、《核辐射环境质量评价一般规定》（GB11215—89）等标准。

其中，涉及放射工作、辐射应用、放射性废物的综合性标准主要是

《辐射防护规定》，该规定对伴有辐射照射的一切实践和设施等规定了剂量限制体系、辐射照射的控制措施、放射性废物管理、放射性物质安全运输、选址要求、辐射监测、辐射事故管理、辐射防护评价以及辐射工作人员的健康管理等措施和方法。

2. 涉核单位的预防义务

涉核单位，是指核设施营运单位、核技术利用单位、铀（钍）矿和伴生放射性矿开发利用单位。涉核单位应当履行下列义务：

（1）采取安全与防护措施义务

预防发生可能导致放射性污染的各类事故，包括员工培训、采取有效的防护安全措施以及对放射性污染承担责任，实行从事放射性污染防治的专业人员实行资格管理制度与从事放射性污染监测工作的机构实行资质管理制度。

（2）放射性标识与警示说明义务

放射性物质和射线装置应当设置明显的放射性标识和中文警示说明。生产、销售、使用、贮存、处置放射性物质和射线装置的场所，以及运输放射性物质和含放射源的射线装置的工具，应当设置明显的放射性标志。

（3）遵守含有放射性物质产品及其运输安全的标准

任何含有放射性物质的产品以及使用伴生放射性矿渣和含有天然放射性物质的石材做建筑和装修材料，都必须符合国家放射性污染防治标准。不符合国家放射性污染防治标准的，不得出厂和销售。

在运输安全方面，国务院于2009年制定了《放射性物品运输安全管理条例》。根据放射性物品的特性及其对人体健康和环境的潜在危害程度，将放射性物品分为一类、二类和三类。

该条例规定，国务院核安全监管部门对放射性物品运输的核与辐射安全实施监督管理。运输放射性物品，应当使用专用的放射性物品运输包装容器。同时，条例对放射性物品运输容器的设计、放射性物品运输容器的制造与使用，以及放射性物品的运输及其监督检查等均作出了规定。

3. 核设施的管理

核设施，是指核动力厂（核电厂、核热电厂、核供汽供热厂等）和其他反应堆（称究堆、实验堆、临界装置等）；核燃料生产、加工、贮存和后处理设施；放射性废物的处理和处置设施等。

核设施的管理包括营运、进口、规划限制区、安全管理与核事故措施等方面。

放射性污染防治法规定，核设施营运单位在进行核设施建造、装料、运行、退役等活动前，必须完成申请领取核设施建造、运行许可证和办理装料、退役等审批手续，方可进行相应的活动。进口核设施应当符合国家放射性污染防治标准。此外，核设施营运单位还应当制定核设施退役计划。

对违反者，由国务院生态环境部门责令停止违法行为，限期改正，并处 20 万元以上 50 万元以下罚款；构成犯罪的，依法追究刑事责任。

对于核动力厂等重要核设施外围地区，应当划定规划限制区。核设施营运单位应当对核设施周围环境中所含的放射性核素的种类、浓度以及核设施流出物中的放射性核素总量实施监测，并定期向生态环境部门报告监测结果。国务院生态环境部门负责对核动力厂等重要核设施实施监督性监测，并根据需要对其他核设施的流出物实施监测。

核设施营运单位应当建立健全安全保卫制度，按照核设施的规模和性质制定核事故场内应急计划，做好应急准备。出现核事故应急状态时，核设施营运单位必须立即采取有效的应急措施控制事故，并向政府部门报告。

国家建立健全核事故应急制度。核设施主管部门和其他有关部门按照各自的职责依法建立核事故应急制度，中国人民解放军和中国人民武装警察部队按照国务院、中央军事委员会的有关规定在核事故应急中实施有效的支援。

此前，为保证民用核设施的建造和营运的安全，国务院曾于1986年制定了《中华人民共和国民用核设施安全监督管理条例》。

4. 核技术利用的管理

核技术利用，是指密封放射源、非密封放射源和射线装置在医疗、工业、农业、地质调查、科学研究和教学等领域中的使用。

（1）放射性同位素和射线装置许可

放射性同位素，是指某种发生放射性衰变的元素中具有相同原子序数但质量不同的核素。射线装置，是指 X 线机、加速器、中子发生器以及含放射源的装置。

放射性污染防治法规定，生产、销售、使用放射性同位素和射线装置的单位，应当按照国务院有关放射性同位素与射线装置放射防护的规定申请领取许可证，办理登记手续。转让、进口放射性同位素和射线装置的单位以及装备有放射性同位素的仪表的单位，应当按照国务院有关放射性同位素与射线装置放射防护的规定办理有关手续。

生产、销售、使用放射性同位素装置和加速器、中子发生器以及含放射源的射线装置的单位，应当在申请领取许可证前编制环境影响评价文件并报省级人民政府生态环境部门审查批准；未经批准，有关部门不得颁发许可证。

（2）放射性同位素和射线装置管理

国家建立放射性同位素备案制度。放射性同位素装置应当单独存放，贮存场所应当采取有效的防火、防盗、防射线泄漏的安全防护措施，不得与易燃、易爆、腐蚀性物品等一起存放，并指定专人负责保管。贮存、领取、使用、归还放射性同位素装置时，应当进行登记、检查，做到账物相符。

生产、使用放射性同位素和射线装置的单位，应当按照国务院生态环境部门的规定，对其产生的放射性废物进行收集、包装、贮存。

对违法生产、销售、使用、转让、进口、贮存放射性同位素和射线装置以及装备有放射性同位素的仪表的，由生态环境部门或者其他有关部门依据职权责令停止违法行为限期改正；逾期不改正的，责令停产停业或者吊销许可证；有违法所得的，没收违法所得；违法所得10万元以上的，并处违法所得1倍以上5倍以下罚款；没有违法所得或者违法所得不足10万元的，并处1万元以上10万元以下罚款；构成犯罪的，依法追究刑事责任。

（3）放射源管理

放射源，是指除研究堆和动力堆核燃料循环范畴的材料以外，永久密封在容器中或者有严密包层并呈固态的放射性材料。生产放射源的单位，应当按照国务院生态环境部门的规定回收和利用废旧放射源；使用放射源的单位，应当按照国务院生态环境部门的规定将废旧放射源交回生产放射源的单位或者送交专门从事放射性固体废物贮存、处置的单位。

生产、销售、使用、贮存放射源的单位，应当建立健全安全保卫制度，指定专人负责，落实安全责任制，制定必要的事故应急措施。发生放射源丢失、被盗和放射性污染事故时，有关单位和个人必须立即采取应急措施，并向公安部门、卫生部门和生态环境部门报告。

公安部门、卫生部门和生态环境部门接到放射源丢失、被盗和放射性污染事故报告后，应当报告本级人民政府，并按照各自的职责立即组织采取有效措施，防止放射性污染蔓延，减少事故损失。当地人民政府应当及时将有关情况告知公众，并做好事故的调查、处理工作。

5. 铀（钍）矿和伴生放射性矿开发利用的管理

（1）报告审批

开发利用或者关闭铀（钍）矿的单位，应当在申请领取采矿许可证或者办理退役审批手续前编制环境影响报告书，报国务院生态环境部门审查批准。

开发利用伴生放射性矿的单位，应当在申请领取采矿许可证前编制环境影响报告书，报省级以上人民政府生态环境部门审查批准。

（2）开发利用单位的义务

铀（钍）矿开发利用单位应当对铀（钍）矿的流出物和周围的环境实施监测，并定期向国务院生态环境部门和所在地省、自治区、直辖市人民政府生态环境部门报告监测结果。

对铀（钍）矿和伴生放射性矿开发利用过程中产生的尾矿，应当建造尾矿库进行贮存、处置；建造的尾矿库应当符合放射性污染防治的要求。

铀（钍）矿开发利用单位应当制定铀（钍）矿退役计划。铀（钍）矿退役费用由国家财政预算安排。

6. 放射性废物的管理

放射性废物，是指含有放射性核素或者被放射性核素污染，其浓度或者比活度大于国家确定的清洁解控水平，预期不再使用的废弃物。

对放射性废物的管理，首先法律规定要求减量化，即涉核单位应当合理选择和利用原材料，采用先进的生产工艺和设备，尽量减少放射性废物的产生量。

在处理处置放射性废物的管理方面，放射性污染防治法规定：向环境排放放射性废气、废液的，必须符合国家放射性污染防治标准。其中，产生放射性废气、废液的单位向环境排放符合国家放射性污染防治标准的放射性废气、废液，应当向审批环境影响评价文件的生态环境部门申请放射性核素排放量，并定期报告排放计量结果。

对于产生放射性废液的，必须采用符合规定的排放方式向环境排放符合国家放射性污染防治标准的放射性废液，并且必须按照这一标准的要求，对不得向环境排放的放射性废液进行处理或者贮存。

对产生放射性固体废物的，应当按照国务院生态环境部门的规定，对其产生的放射性固体废物进行处理后，送交放射性固体废物处置单位处置，并承担处置费用。设立专门从事放射性固体废物贮存、处置的单位，必须经审查批准取得许可证。

对低、中水平放射性固体废物，必须在符合国家规定的区域实行近地表处置；对高水平放射性固体废物实行集中的深地质处置。在放射性固体废物处置场所选址方面，由主管部门在环境影响评价的基础上编制放射性固体废物处置场所选址规划，报国务院批准后实施。

禁止利用渗井、渗坑、天然裂隙、溶洞或者国家禁止的其他方式排放放射性废液；禁止在内河水域和海洋上处置放射性固体废物；禁止未经许可或者不按照许可的有关规定从事贮存和处置放射性固体废物的活动；禁止将放射性固体废物提供或者委托给无许可证的单位贮存和处置；禁止将放射性废物和被放射性污染的物品输入中华人民共和国境内或者经中华人民共和国境内转移。

【风险提示】

对违反法律规定者，生态环境部门可以分情节责令停止违法行为、限期改正和处以罚款；构成犯罪的，依法追究刑事责任。向中华人民共和国境内输入放射性废物和被放射性污染的物品，或者经中华人民共和国境内转移放射性废物和被放射性污染的物品的，由海关责令退运该放射性废物和被放射性污染的物品，并处 50 万元以上 100 万元以下罚款；构成犯罪的，依法追究刑事责任。

【相关案例】

案例 1　苏某某诉南京市鼓楼区环境保护局不履行环保查处法定职责案

江苏省建苑岩土工程勘测有限公司在力学小学工地进行夜间施工，引起包括原告苏某某在内的附近居民举报投诉。鼓楼环保局接群众举报后，行政执法人员对汉口西路力学小学工地进行现场检查，发现江苏省建苑岩土工程勘测有限公司未经环保部门批准，擅自动用吊机进行测试桩卸载施工作业，产生的噪声污染了环境，影响了周围居民的正常生活。

本案经过一审、二审，二审法院认为：在城市市区噪声敏感建筑物集中区域内，禁止夜间进行产生环境噪声污染的建筑施工作业。环境噪声污染防治法第56条规定："建筑施工单位违反本法第三十条第一款的规定，在城市市区噪声敏感建筑物集中区域内，夜间进行禁止进行的产生环境噪声污染的建筑施工作业的，由工程所在地县级以上地方人民政府生态环境主管部门责令改正，可以并处罚款。"针对上诉人的举报，被上诉人工作人员于2013年9月5日凌晨至现场调查处理，并于2013年12月26日作出责令改正及罚款2万元的行政处罚决定，被上诉人的处理符合法律规定。

案例2　李某某与蔡某某、朱某某生命权、健康权、身体权纠纷案

李某某与蔡某某、朱某某系上下楼邻居关系。李某某以蔡某某、朱某某对其居住房屋装修导致李某某患病而主张赔偿，李某某应就蔡某某、朱某某的装修行为具有违法性承担举证责任，即举证证明蔡某某、朱某某在法律规定的禁止装修作业的时间内作业，或产生噪声到达其居住的房间时已超过国家规定的排放标准。

二审法院认为：环境噪声污染防治法第47条规定，在已竣工交付使用的住宅楼进行室内装修活动，应当限制作业时间，并采取其他有效措施，以减轻、避免对周围居民造成环境噪声污染。从现有证据看，司法鉴定所鉴定意见认定李某某因患高血压、脑出血，噪音、情绪激动是诱发其发作或加重病情的间接因素之一。但该鉴定意见"噪音、情绪激动是诱发其发作或加重病情的间接因素之一"内容指代不明，不能说明蔡某某、朱某某装修行为具有违法性。原审判决以双方纠纷因历次审理过程中，李某某，蔡某某、朱某某对日常装修时间的叙述均不能形成一致，不能对各自陈述及抗辩主张提供相应证据予以证明。不能证明蔡某某、朱某某装修产生的噪音具有违法性的事实的认定合理。故此不能支持对李某某该诉请。

【法条指引】

中华人民共和国环境噪声污染防治法（节录）

第三条 本法适用于中华人民共和国领域内环境噪声污染的防治。

因从事本职生产、经营工作受到噪声危害的防治，不适用本法。

第四条 国务院和地方各级人民政府应当将环境噪声污染防治工作纳入环境保护规划，并采取有利于声环境保护的经济、技术政策和措施。

第五条 地方各级人民政府在制定城乡建设规划时，应当充分考虑建设项目和区域开发、改造所产生的噪声对周围生活环境的影响，统筹规划，合理安排功能区和建设布局，防止或者减轻环境噪声污染。

第八条 国家鼓励、支持环境噪声污染防治的科学研究、技术开发，推广先进的防治技术和普及防治环境噪声污染的科学知识。

第二十八条 在城市市区范围内向周围生活环境排放建筑施工噪声的，应当符合国家规定的建筑施工场界环境噪声排放标准。

第三十条 在城市市区噪声敏感建筑物集中区域内，禁止夜间进行产生环境噪声污染的建筑施工作业，但抢修、抢险作业和因生产工艺上要求或者特殊需要必须连续作业的除外。

因特殊需要必须连续作业的，必须有县级以上人民政府或者其有关主管部门的证明。

前款规定的夜间作业，必须公告附近居民。

第四十三条 新建营业性文化娱乐场所的边界噪声必须符合国家规定的环境噪声排放标准；不符合国家规定的环境噪声排放标准的，文化行政主管部门不得核发文化经营许可证，市场监督管理部门不得核发营业执照。

经营中的文化娱乐场所，其经营管理者必须采取有效措施，使其边界噪声不超过国家规定的环境噪声排放标准。

中华人民共和国放射性污染防治法（节录）

第二条 本法适用于中华人民共和国领域和管辖的其他海域在核设施选址、建造、运行、退役和核技术、铀（钍）矿、伴生放射性矿开发利用过程中发生的放射性污染的防治活动。

第三条 国家对放射性污染的防治，实行预防为主、防治结合、严格管理、安全第一的方针。

第四条 国家鼓励、支持放射性污染防治的科学研究和技术开发利用，推广先进的放射性污染防治技术。

国家支持开展放射性污染防治的国际交流与合作。

第十九条 核设施营运单位在进行核设施建造、装料、运行、退役等活动前，必须按照国务院有关核设施安全监督管理的规定，申请领取核设施建造、运行许可证和办理装料、退役等审批手续。

核设施营运单位领取有关许可证或者批准文件后，方可进行相应的建造、装料、运行、退役等活动。

第五章

自然保护法

第一节　自然保护法及其制度体系

【规则要点】

自然保护法，是以保护生态系统平衡或防止生物多样性破坏为目的，对一定的自然地域（含区域与流域）野生生物及其生境实行特殊保护并禁止或限制环境利用行为而制定的法律规范的总称。

【理解与适用】

一、概述

与主要采取消极控制对策和措施的环境污染防治法相比，自然保护法所强调的是积极的管理，对自然环境或自然资源的不同利用类型分别予以规划、管理和保护。自然保护法的主要手段是通过政府对指定地域一定的开发行为予以控制，规定限制土地所有者权限、私权及其调整措施、损失补偿及收买土地等措施，从而实现自然保护的目的。

与环境污染防治法不同的是，自然保护法是以保全一定地域的自然环境和物种为目的，对需要保护的地域和物种通过法律确立地域或者物种指定制，对在指定地域范围内的各种开发利用行为实行限制或者禁止，对指定物种采取特别措施予以保护。所以，自然保护法的目标是保存既已形成的自然环境地域以及珍稀濒危的野生生物物种，涉及地域环境保护、野生生物保护、河流湖泊保护以及自然文化遗迹和景观舒适保护等内容。

保护自然（生态）是当代人类应当采取的对待自然界的态度，但是它并不意味着要完全保持自然的所有原始状态，除了对具有代表性的地区和对象要给予严格保护外，一般是在对自然资源的合理开发利用的过程中进行保护，使它们的自然机能得以正常发挥作用，不至于因为人们的活动而使其崩溃或瓦解，造成生态系统的平衡失调。

二、自然保护的基本理念与基本方法

（一）自然保护的基本理念

1. 保持和保存自然的原生状态

生态保护的重点是维持生态系统的多样性以及自然的原生状态，防止人为因素对生态系统造成不良的影响或破坏。因此，生态保护的法律行动除了要遵循环境保护法的基本原则外，还应当遵循两个特有的原则，这就是保持和保存的原则。

尽管保持和保存的意义是一致和积极的，但是它们二者之间也存在着以下区别：在保持的原则下，人类可以对自然界以及生态进行非开发或生产性的利用，如休闲、运动、娱乐、观光等活动。而在保存的原则下，非为科学研究不允许人类对自然界以及生态进行一般性利用，包括人们对自然界进行的所谓"养护"等工作。

由于地球上所有的物种都是各种生态系统的组成部分，所以，除无生命物质外，生态保护的实质是保护生物多样性，而生物多样性的保护又被广泛地融和于动、植物及其生境的保护之中。

2. 保护生物多样性

生物多样性，是指生物之间的多样化和变异性及物种生境的生态复杂性，它是地球上所有的生物——植物、动物和微生物及其所构成的各种生态过程的综合体。

生物多样性主要包括物种多样性、遗传多样性和生态系统多样性这三个组成部分。其中，物种多样性，是指动物、植物以及微生物种类的丰富性，它是人类生存和发展的基础；遗传多样性，是指存在于生物个体内、单个物种内以及物种之间的基因多样性，包括分子、细胞和个体三个水平上的遗传变异度，它是生命进化、物种分化的基础；生态系统多样性，是指森林、草原、荒漠、农田、湿地和海洋以及竹林和灌丛等生态系统的多样化特性。

所有的生态系统都保持着各自的生态过程，包括生命所必需的化学元素的循环和生态系统各组成部分之间能量流动的维持。由于生态过程对于所有生物的生存进化和持续发展至关重要，因此维持生态系统的多样性对于维持物种和基因的多样性是必不可少的。

中国国土辽阔，气候多样，地貌类型丰富，河流纵横，湖泊众多，东部和南部又有广阔的海域，复杂的自然地理条件为各种生物及生态系统类型的形成与发展提供了多种生境。归纳起来，中国的生物多样性具有物种多样性高度丰富、特有生物物种种类繁多、生物区系起源古老、经济物种异常丰富的特点。

40 多年来中国人口的快速增长以及经济建设的高速发展，使得人们对于自然资源和环境的需求不断增大，对生物多样性保护也构成了强大的压力。开发利用环境行为一方面超过了物种的自然恢复能力，使丰富的物种不断减少，另一方面还污染了环境，侵占了生物的栖息地，致使许多动物和植物处于濒临灭绝的状态。因此，保护生物多样性具有特殊的重要意义。

（二）自然保护法的共同制度与措施

1. 主体功能区划制度

中国生态保护的首要任务，是依照法律法规的规定确定生态保护的目标，通过对生物资源的考察，由有关行政主管部门编制和实施生物多样性保护规划，从而达到对该生态系统保护的目的。

2010 年 12 月国务院发布了《全国主体功能区规划》，通过确定国家层面主体功能区、能源与资源保障及其实施措施等内容和确立国家重点生态功能区名录、国家禁止开发区域名录等方式，对全国性国土空间开发进行了全面的规划。

该规划的最大特点，就是将国土空间划分为优化开发区域、重点开发区域、限制开发区域和禁止开发区域四类主体功能区，并规定了相应的功能定位、发展方向和开发管制原则。其中，限制开发区域中的重点生态功能区强调了保护生态的功能及其提供生态产品的能力；禁止开发区域则强调了对自然文化资源的原真性和完整性保护。

依照《全国主体功能区规划》,推进实现主体功能区主要目标的时间是 2020 年,规划范围为全国陆地国土空间以及内水和领海(不包括港澳台地区)。鉴于海洋国土空间在全国主体功能区中的特殊性,国家有关部门将根据本规划编制全国海洋主体功能区规划。

2. 自然保护区域指定制和物种保护名录制

自然保护法的保护对象是一定的自然区域和物种而非全部自然环境及其要素。因此,各国自然保护立法毫无例外地通过实行自然保护区域指定制和物种保护名录制对需要严格保护的自然区域和物种实行保护。

具体方法是,国家通过自然保护立法确定自然保护区域的条件,由人民政府组织调查确认后批准设立指定。对于保护物种,则在调查研究的基础上通过人民政府编制物种保护名录将其纳入。

3. "就地保护"和"迁地保护"措施

中国在自然保护的具体措施方面主要采取了"就地保护"和"迁地保护"的方法。

所谓就地保护,是指以各种类型的自然保护区包括风景名胜区的方式,对有价值的自然生态系统和野生生物及其生境予以保护,以保持生态系统内生物的繁衍与进化,维持系统内的物质能量流动与生态过程。建立自然保护区和各种类型的风景名胜区是实现这种保护目标的重要措施。

所谓迁地保护,是指在自然生态系统已经受到破坏或可能受到严重破坏威胁的地域,以人工方式对那些不迁移就会灭绝的野生生物物种,从该地域迁往另一地域予以保护的过程。

就保护策略而言,就地保护比迁地保护更为重要。因为在就地保护的条件下,可以使全部生物物种及其整个生态系统都得到保护。而在迁地保护情况下,仅仅只能保存单一的目标物种。原则上迁地保护只适用于对受到高度威胁的动植物物种的紧急拯救,不然它们就可能灭绝。此外,使濒危的野生物种得到迁地保护,对公众也具有生态教育的意义。

在具体执行上,由政府依照法律对自然保护区域内的各种行为实行控制或者限制,对捕猎野生动物的行为予以禁止,并且对野生动植物的进出境实行监管。

4. 治理、恢复、补救和拯救措施

依照中国自然资源保护法律的规定，因环境利用行为导致自然环境或自然资源破坏的，由行为人负责治理或者由人民政府决定限期治理。

对自然资源进行开发利用的行为一般是长时期的，因此开发利用自然资源所造成的自然破坏也具有长期性、渐进性和累积性的特点，同样需要用一定的时期进行治理以逐步恢复自然本来的功能。为此，对自然破坏实行的治理措施也有不同的方式并适用于不同的自然破坏区域。目前，中国自然资源法律规定的治理措施及其适用范围主要包括两类。

一是限期治理。对破坏自然环境实行的限期治理，特指环境利用行为人违反法律规定开发利用自然资源，造成自然环境的使用功能降低所依法应当承担的治理责任。它主要适用于在一定期限内通过治理措施可以迅速恢复的自然环境与资源破坏区域。如在水土保持、草原、防沙治沙与土地等法律中都有限期治理的规定。

二是综合治理和专项治理。即国家或地方政府依照环境保护与自然资源保护计划的安排，通过投入专门的治理资金等对自然破坏实行的治理。

其中，综合治理，是指将治理对象和措施纳入国家国土整治计划或土地利用总体规划，由国家投入资金对自然破坏施行的大规模、长时期的整治活动。专项治理，是指由各级政府在确定的环境保护与自然资源保护计划时期内，将环境退化或自然破坏地区纳入该计划所划定的治理区，有目的地从事治理活动的政府行为。

环境保护法上的恢复和补救措施，主要适用于因开发利用规划的失误或者违法开发利用自然资源而导致自然资源受到破坏或者自然环境可能遭受损失的区域。它们主要包括恢复原状与补救或拯救两种措施。

恢复原状措施主要适用于因开发利用规划的失误造成土地资源过度开垦，或改变原自然环境的使用功能和生态功能而造成生态不良影响的区域，如恢复土地原状、土地复垦等，以恢复该土地的原有功能和使用用途。

补救措施适用于依据众所周知的事实与自然规律可以判定行为的结果将会造成自然破坏及其损害的领域。如在水生动物洄游通道处建闸、筑坝的行为、开发矿产资源的行为以及从事工程建设导致供水影响的行为等都

应当依法采取补救措施。

拯救措施主要是针对生长受到人为活动或自然灾害威胁的国家和地方重点保护的野生动植物的行为，目的在于保护或者恢复野生动植物的生长环境。

应当说明的是，在自然破坏领域广泛实施的治理、恢复和补救并非绝对、单一的事后补救措施，因自然资源保护法律规定的不同，它们有时也可以重叠适用于具体的自然破坏领域。

【风险提示】

依照中国自然资源保护法律的规定，因环境利用行为导致自然环境或自然资源破坏的，由行为人负责治理或者由人民政府决定限期治理。

【相关案例】

谬某某、傅某某等诉铜陵泰富特种材料有限公司停止生产案

铜陵新亚星焦化有限公司成立于 2008 年，现已更名为铜陵泰富特种材料有限公司，主要经营焦炭、煤气、煤化工产品生产和销售等业务。谬某某等人以"捣固焦炉未落实'1000 米卫生防护距离内居民实施搬迁'的环评要求，违法行为存在"，及其是卫生防护距离内常年住户等事实为由，要求铜陵泰富特种材料有限公司停止生产。

依据环境保护法第 60 条："企业事业单位和其他生产经营者超过污染物排放标准或者超过重点污染物排放总量控制指标排放污染物的，县级以上人民政府环境保护主管部门可以责令其采取限制生产、停产整治等措施；情节严重的，报经有批准权的人民政府批准，责令停业、关闭。"等法律规定，可以确认并非企业有排放污染物即当然要停止生产，因此，谬某某等人仅以"捣固焦炉未落实'1000 米卫生防护距离内居民实施搬迁'的环评要求，违法行为存在"，及其是卫生防护距离内常年住户等事实为由，要求铜陵泰富特种材料有限公司停止生产，法律依据不足。

【法条指引】

中华人民共和国环境保护法（节录）

第二十三条　企业事业单位和其他生产经营者，为改善环境，依照有关规定转产、搬迁、关闭的，人民政府应当予以支持。

第六十条　企业事业单位和其他生产经营者超过污染物排放标准或者超过重点污染物排放总量控制指标排放污染物的，县级以上人民政府生态环境部门可以责令其采取限制生产、停产整治等措施；情节严重的，报经有批准权的人民政府批准，责令停业、关闭。

第二节　野生动物保护法

【规则要点】

野生动物，是指珍贵、濒危的陆生、水生野生动物和有重要生态、科学、社会价值的陆生野生动物。国家对野生动物制定了严格的保护方针和管理措施，实行重点保护野生动物名录制。

【理解与适用】

一、概述

野生动物一般指非人工驯养、在自然状态下生存的各种动物，包括哺乳类动物、鸟类、爬行动物、两栖动物、鱼类、软体动物、昆虫、腔肠动物以及其他动物。

《中华人民共和国野生动物保护法》所称野生动物，是指珍贵、濒危的陆生、水生野生动物和有重要生态、科学、社会价值的陆生野生动物。野生动物及其制品，是指野生动物的整体（含卵、蛋）、部分及其衍生物。至于珍贵、濒危的水生野生动物以外的其他水生野生动物的保护，则适用渔业法等有关法律的规定。

二、野生动物权属及其保护方针

由于中国将野生动物统一纳入自然资源管理,因此野生动物保护法规定,野生动物资源属于国家所有。

国家保障依法从事野生动物科学研究、人工繁育等保护及相关活动的组织和个人的合法权益。任何组织和个人都有保护野生动物及其栖息地的义务。禁止违法猎捕野生动物、破坏野生动物栖息地。任何组织和个人都有权向有关部门和机关举报或者控告违反法律的行为。野生动物保护主管部门和其他有关部门、机关对举报或者控告,应当及时依法处理。对非法捕杀国家重点保护野生动物者,依照《中华人民共和国刑法》规定追究刑事责任。

三、重点保护野生动物名录制

中国对野生动物实行分类分级保护,对珍贵、濒危的野生动物实行重点保护。

国家重点保护的野生动物分为一级保护野生动物和二级保护野生动物。国家重点保护野生动物名录,由国务院野生动物保护主管部门组织科学评估后制定,并每 5 年根据评估情况确定对名录进行调整。国家重点保护野生动物名录报国务院批准公布。

现行《国家重点保护野生动物名录》共列出了一级保护野生动物 97 种、二级保护野生动物 161 种。为履行《濒危野生动植物种国际贸易公约》的义务,中国于 1993 年还将该公约附录一和附录二所列非原产中国的所有野生动物分别核准为国家一级和国家二级保护野生动物。此外,经国务院林业部门核准,可以将从国外引进的珍贵、濒危野生动物视为国家重点保护野生动物。对这些野生动物及其产品(包括任何可辨认部分或其衍生物)的管理,同原产中国的国家一级和国家二级保护野生动物一样,按照国家现行法律、法规和规章的规定实施管理。

除国家外,地方也可以制定地方重点保护野生动物名录。地方重点保护野生动物,是指国家重点保护野生动物以外,由省、自治区、直辖市重点保护的野生动物。地方重点保护野生动物名录,由省、自治区、直辖市人民政府组织科学评估后制定、调整并公布。

此外，法律规定，省级以上人民政府依法划定相关自然保护区域，保护野生动物及其重要栖息地，保护、恢复和改善野生动物生存环境。对不具备划定相关自然保护区域条件的，县级以上人民政府可以采取划定禁猎（渔）区、规定禁猎（渔）期等其他形式予以保护。

因野生动物保护法规定保护的野生动物，造成人员伤亡、农作物或者其他财产损失的，由当地人民政府给予补偿。具体办法由省、自治区、直辖市人民政府制定。有关地方人民政府可以推动保险机构开展野生动物致害赔偿保险业务。

四、野生动物管理措施

在相关自然保护区域和禁猎（渔）区、禁猎（渔）期内，禁止猎捕以及其他妨碍野生动物生息繁衍的活动，但法律法规另有规定的除外。

野生动物迁徙洄游期间，在上述规定区域外的迁徙洄游通道内，禁止猎捕并严格限制其他妨碍野生动物生息繁衍的活动。迁徙洄游通道的范围以及妨碍野生动物生息繁衍活动的内容，由县级以上人民政府或者其野生动物保护主管部门规定并公布。禁止猎捕、杀害国家重点保护野生动物。因科学研究、种群调控、疫源疫病监测或者其他特殊情况，需要猎捕国家一级保护野生动物的，应当向国务院野生动物保护主管部门申请特许猎捕证；需要猎捕国家二级保护野生动物的，应当向省、自治区、直辖市人民政府野生动物保护主管部门申请特许猎捕证。猎捕非国家重点保护野生动物的，应当依法取得县级以上地方人民政府野生动物保护主管部门核发的狩猎证，并且服从猎捕量限额管理。

猎捕者应当按照特许猎捕证、狩猎证规定的种类、数量、地点、工具、方法和期限进行猎捕。持枪猎捕的，应当依法取得公安机关核发的持枪证。禁止使用毒药、爆炸物、电击或者电子诱捕装置以及猎套、猎夹、地枪、排铳等工具进行猎捕，禁止使用夜间照明行猎、歼灭性围猎、捣毁巢穴、火攻、烟熏、网捕等方法进行猎捕，但因科学研究确需网捕、电子诱捕的除外。

国家支持有关科学研究机构因物种保护目的人工繁育国家重点保护野生动物，除此以外的人工繁育国家重点保护野生动物实行许可制度。

人工繁育国家重点保护野生动物的，应当经省、自治区、直辖市人民政府野生动物保护主管部门批准，取得人工繁育许可证，但国务院对批准机关另有规定的除外。人工繁育国家重点保护野生动物应当使用人工繁育子代种源，建立物种系谱、繁育档案和个体数据。人工繁育国家重点保护野生动物应当有利于物种保护及其科学研究，不得破坏野外种群资源，并根据野生动物习性确保其具有必要的活动空间和生息繁衍、卫生健康条件，具备与其繁育目的、种类、发展规模相适应的场所、设施、技术，符合有关技术标准和防疫要求，不得虐待野生动物。省级以上人民政府野生动物保护主管部门可以根据国家重点保护野生动物的需要，组织开展国家重点保护野生动物放归野外环境工作。

禁止出售、购买、利用国家重点保护野生动物及其制品。因科学研究、人工繁育、公众展示展演、文物保护或者其他特殊情况，需要出售、购买、利用国家重点保护野生动物及其制品的，应当经省、自治区、直辖市人民政府野生动物保护主管部门批准，并按照规定取得和使用专用标识，保证可追溯，但国务院对批准机关另有规定的除外。

实行国家重点保护野生动物及其制品专用标识的范围和管理办法，由国务院野生动物保护主管部门规定。出售、利用非国家重点保护野生动物的，应当提供狩猎、进出口等合法来源证明。

利用野生动物及其制品的，应当以人工繁育种群为主，有利于野外种群养护，符合生态文明建设的要求，尊重社会公德，遵守法律法规和国家有关规定。

野生动物及其制品作为药品经营和利用的，还应当遵守有关药品管理的法律、法规。禁止生产、经营、使用国家重点保护野生动物及其制品制作的食品，或者使用没有合法来源证明的非国家重点保护野生动物及其制品制作的食品。禁止为食用非法购买国家重点保护的野生动物及其制品。禁止为出售、购买、利用野生动物或者禁止使用的猎捕工具发布广告。禁止为违法出售、购买、利用野生动物制品发布广告。禁止网络交易平台、商品交易市场等交易场所，为违法出售、购买、利用野生动物及其制品或者禁止使用的猎捕工具提供交易服务。

中国缔结或者参加的国际公约禁止或者限制贸易的野生动物或者其制品名录，由国家濒危物种进出口管理机构制定、调整并公布。

进出口列入上述名录的野生动物或者其制品的，出口国家重点保护野生动物或者其制品的，应当经国务院野生动物保护主管部门或者国务院批准，并取得国家濒危物种进出口管理机构核发的允许进出口证明书，依法实施进出境检疫。海关凭允许进出口证明书、检疫证明按照规定办理通关手续。涉及科学技术保密的野生动物物种的出口，按照国务院有关规定办理。

国家组织开展野生动物保护及相关执法活动的国际合作与交流；建立防范、打击野生动物及其制品的走私和非法贸易的部门协调机制，开展防范、打击走私和非法贸易行动。

从境外引进野生动物物种的，应当经国务院野生动物保护主管部门批准。从境外引进列入中国缔结或者参加的国际公约禁止或者限制贸易的野生动物，还应当依法取得允许进出口证明书，依法实施进境检疫。海关凭进口批准文件或者允许进出口证明书以及检疫证明按照规定办理通关手续。从境外引进野生动物物种的，应当采取安全可靠的防范措施，防止其进入野外环境，避免对生态系统造成危害。确实需要将其放归野外的，按照国家有关规定执行。

任何组织和个人将野生动物放生至野外环境，应当选择适合放生地野外生存的当地物种，不得干扰当地居民的正常生活、生产，避免对生态系统造成危害。随意放生野生动物，造成他人人身、财产损害或者危害生态系统的，应依法承担法律责任。

外国人在中国对国家重点保护野生动物进行野外考察或者在野外拍摄电影、录像，应当经省、自治区、直辖市人民政府野生动物保护主管部门或者其授权的单位批准，并遵守有关法律、法规规定。

【风险提示】

在相关自然保护区域、禁猎（渔）区、禁猎（渔）期猎捕非国家重点保护野生动物，未取得狩猎证、未按照狩猎证规定猎捕非国家重点保护野生动物，或者使用禁用的工具、方法猎捕非国家重点保护野生动物的，由县级以上地方人民政府野生动物保护主管部门或者有关保护区域管理机构按照职责分工没收猎获物、猎捕工具和违法所得，吊销狩猎证，并处猎获物价值1倍以上5倍以下的罚款；没有猎获物的，并处2000元以上1万元以下的罚款；构成犯罪的，依法追究刑事责任。

【相关案例】

刘某某、吕某某非法猎捕、出售珍贵野生动物案

被告人刘某某在本村山坡上捕获 3 只鹭鹰，并以 300 元的价格出售给被告人吕某某，被告人吕某某在喂养过程中，其中 1 只鹭鹰意外死亡。2018 年 7 月 5 日 10 时许，被告人刘某某电话联系买主后由被告人吕某某将剩余 2 只鹭鹰带至鲁山县爱心医院门前准备出售时，被鲁山县森林公安局民警当场查获。经鉴定：2 只活体鸟类为灰脸鹭鹰，为国家二级保护野生动物。

针对指控，公诉机关提供了相应的证据，认为被告人刘某某、吕某某的行为已触犯刑法第 341 条第 1 款、第 25 条第 1 款的规定，请求法院以非法收购、出售珍贵野生动物罪追究其刑事责任。

法院认为：被告人刘某某、吕某某违反国家法律规定，非法出售、收购珍贵野生动物，应当以非法收购、出售珍贵野生动物罪追究其刑事责任。

为了保护野生动物及其生活环境，中国对野生动物实行保护优先、规范利用、严格监管的原则，鼓励开展野生动物科学研究，培育公民保护野生动物的意识，促进人与自然和谐发展。

此外，法律还规定各级野生动物保护主管部门应当监视、监测环境对野生动物的影响。由于环境影响对野生动物造成危害时，野生动物保护主管部门应当会同有关部门进行调查处理。国家或者地方重点保护野生动物受到自然灾害、重大环境污染事故等突发事件威胁时，当地人民政府应当及时采取应急救助措施。县级以上人民政府野生动物保护主管部门应当按照国家有关规定组织开展野生动物收容救护工作。禁止以野生动物收容救护为名买卖野生动物及其制品。

【法条指引】

中华人民共和国野生动物保护法（节录）

第二条 在中华人民共和国领域及管辖的其他海域，从事野生动物保

护及相关活动，适用本法。

本法规定保护的野生动物，是指珍贵、濒危的陆生、水生野生动物和有重要生态、科学、社会价值的陆生野生动物。

本法规定的野生动物及其制品，是指野生动物的整体（含卵、蛋）、部分及其衍生物。

珍贵、濒危的水生野生动物以外的其他水生野生动物的保护，适用《中华人民共和国渔业法》等有关法律的规定。

第三条　野生动物资源属于国家所有。

国家保障依法从事野生动物科学研究、人工繁育等保护及相关活动的组织和个人的合法权益。

第四条　国家对野生动物实行保护优先、规范利用、严格监管的原则，鼓励开展野生动物科学研究，培育公民保护野生动物的意识，促进人与自然和谐发展。

第五条　国家保护野生动物及其栖息地。县级以上人民政府应当制定野生动物及其栖息地相关保护规划和措施，并将野生动物保护经费纳入预算。

国家鼓励公民、法人和其他组织依法通过捐赠、资助、志愿服务等方式参与野生动物保护活动，支持野生动物保护公益事业。

本法规定的野生动物栖息地，是指野生动物野外种群生息繁衍的重要区域。

第十条第一款、第二款　国家对野生动物实行分类分级保护。

国家对珍贵、濒危的野生动物实行重点保护。国家重点保护的野生动物分为一级保护野生动物和二级保护野生动物。国家重点保护野生动物名录，由国务院野生动物保护主管部门组织科学评估后制定，并每五年根据评估情况确定对名录进行调整。国家重点保护野生动物名录报国务院批准公布。

第三节　自然资源保护法

【规则要点】

自然资源保护，是指保护以物的形式存在的与环境融为一体、天然存在的具有经济价值的环境要素。当自然资源被人类开发利用成为原材料、物料或商品时，他们就不是环境与资源保护法律意义上的自然资源，而是物质流污染防治和循环利用法律的对象。自然资源保护主要包括对土地资源的保护，对森林资源的保护，对水资源的保护，对草原资源的保护以及对风沙的防治。

一、概述

（一）自然资源立法与权益保护

1. 自然资源立法简况

自然资源的所有权集中于国家（以全民的名义）作为全民所有的公有财产（法律规定属于劳动群众集体所有者除外）。

根据宪法第 9 条的规定，矿藏、水流、森林、山岭、草原、荒地、滩涂等自然资源都属于国家所有（由法律规定属于集体所有的森林和山岭、草原、荒地、滩涂除外）。为此，中国各种自然资源的占有、使用、收益、分配和处分等都是通过国家公权力干预实现的。

根据宪法规定，全国人大常委会先后颁布了《中华人民共和国土地管理法》《中华人民共和国水土保持法》《中华人民共和国防沙治沙法》《中华人民共和国森林法》《中华人民共和国草原法》《中华人民共和国水法》等法律，国务院及其部委制定了相应的行政法规和部门规章。

2. 自然资源的使用权与用益物权

自然资源是在一定技术经济条件下自然环境中对人类有用的一切自然要素。这里所谓的有用，主要指自然资源可以为人类社会的发展提供物质保障和带来经济利益。因此，人类在较早的时期就已经通过制定法律来保护自然资源。

西方国家一般将自然资源的权属问题纳入用益物权的范畴探讨。用益物权一般指以物的使用收益为目的的权利。而在中国，由于宪法和自然资源法律均规定自然资源为全民所有即国家所有的形式，因此中国的民事立法和自然资源法律只规定自然资源使用权，即任何人对国有自然资源只能依法取得其使用权。

依照现行的自然资源法律，依法确立的自然资源使用权主要包括土地使用权、采矿权、林木采伐权、林地使用权、取水权、渔业捕捞权、渔业养殖权、草原使用权等。

（二）　自然资源及其法律保护的特有原则

在自然资源法中，存在着一些与一般环境保护法所不同的法律原则，了解它们将有助于深入学习和掌握中国自然资源保护的法律制度。

1. 重要自然资源的全民所有

由于中国主要实行生产资料的社会主义公有制，即全民所有制和劳动群众集体所有制的形式，因此对于关系到作为国民经济生产资料的某些重要的自然资源，如矿藏、水流、森林、山岭、草原、荒地、滩涂等，中国的宪法和自然资源立法均将它们确定为全民所有。而对于少数自然资源，则可以由法律规定归劳动群众集体所有（如森林、山岭、草原、荒地、滩涂等）。

2. 合理分配自然资源的经济利益

由于重要的自然资源属于国家所有，因此如何合理分配自然资源给国家、集体或个人所带来的物质利益，是在开发利用自然资源过程中应当予以明确的重要问题。为了充分调动和发挥国家、集体与个人三者在资源保护、开发与利用过程中的积极性、主动性和创造性，同时保障三者在这一活动过程中的合法权益，应当通过多种经济形式和多种经营方式来开发利用自然资源。

为此，中国自然资源法律和有关民事立法对自然资源的所有权与其生产经营权规定采取"两权分离"的方法，即对自然资源在所有权、使用权和经营管理权诸方面予以了明确的规定，以这种方法来保障国家、集体和个人三者在开发利用自然资源方面的合法权利与利益。

3. 综合利用与循环利用

所谓综合利用，是指在开发利用自然资源的过程中，最大限度地利用自然资源的各种用途。所谓循环利用，是指对那些在被人们利用后其性质仍不会改变的自然资源，通过回收的方式使其得以再利用的过程。

许多自然资源具有多种用途和可以被反复利用的特征，因此当某种资源在其某一方面的效能被人类利用后，其"废弃"的部分仍可以作为另一种用途的资源而重新得到再利用。

综合利用与循环利用的结果，可以消除或减少自然资源或能源因未能充分利用而造成的浪费和对环境的污染破坏，保障自然资源给人类带来最大的经济效益与环境效益。

4. 因时、因地制宜

所谓因时、因地制宜，是指对自然资源的开发利用应当与特定时间、特定地域生态系统的结构和功能相适应。

由于各地域环境条件的不一致，导致生态系统的结构及其功能也不相同，并且这些生态系统也会随时间的变化而改变。因此，对于自然资源的开发利用必须适应地域生态系统的特点以及自然资源随之发生的周期性变化。

（三）自然资源使用权的行使与自然保护

根据自然资源使用权的本质属性，可以将自然资源使用权体系分为两大类，一类属于自然资源的直接获权体系，它们以实际占有自然资源并直接获利为特征，由直接对自然资源进行支配并获取利益的权利如采矿权、林木采伐权、取水权和渔业捕捞权等构成；另一类属于自然资源的用益物权体系，它们以对自然资源的占有并获取资源上的收益为特征，分别由林地使用权、草原使用权和渔业养殖权等构成。

自然资源的直接获益权和用益物权的行使及其与自然资源保护的关系，分别由相关的单项自然资源立法予以调整。

总体上看，宪法从保护国家经济利益的角度确立了自然资源的国家所有制形式，除法律规定为劳动群众集体所有与少数个人所有者外，国家通过法律授权政府对国家所有的自然资源实行处分权和保护管理权。

在这个意义上，政府既是国家自然资源权利的行使者，也是自然资源的保护管理者，政府既可以依法授权环境利用行为人开发利用国家所有的自然资源，也可以行使国家公权力对相对人（开发利用环境行为人）的行为进行管制。

在自然资源管理的行政过程中，第一个步骤是确权，即确定自然资源的所有权、使用权、经营权及其有关的权益，并在此基础上开展自然资源管理事务。

第二个步骤是在确定各项权属后，由各自然资源的主管部门对自然资源的开发、利用、保护和管理编制规划，提出具体的开发利用原则和方法。

第三个步骤是对开发利用自然资源者实行申报登记制度，开发利用自然资源者应当事先向自然资源管理机关进行申报和登记，在此基础上由自然资源管理机关向申报者发放开发利用许可证。

第四个步骤是对于开发利用自然资源者实行征收资源补偿费或资源税制度，并且对开发利用者规定具体的禁止性或限制性措施，以保护自然资源的正常增殖或繁殖。

第五个步骤是对违反有关自然资源法律、法规规定者，由自然资源管理机关依照法律、法规予以行政处罚；构成犯罪的，依法予以刑事处罚。

与此同时，当自然资源开发利用行为与人类生存的本能利用行为发生冲突时，政府还应当制约和限制开发利用行为以保护公众的环境权益；当开发利用环境行为造成或者可能造成自然生态破坏时，政府既可以行使公权力对开发利用环境行为给予制裁，也可以代表国家向自然生态的破坏者提出恢复原状和赔偿损失的请求。

二、土地管理法

（一）概述

土地，是指地球陆地的表层。它是人类赖以生存和发展的物质基础和环境条件，是社会生产活动中最基础的生产资料。土地也是地球上的植物生长发育和动物栖息以及繁衍后代的场所。

土地的基本属性在于位置固定、面积有限和不可替代。其中，位置固定，是指每块土地所处的经纬度都是固定的，不能移动，只能就地利用；面积有限，是指非经漫长的地质过程，土地面积不会有明显的增减；不可替代，是指土地无论作为人类生活的基地，还是作为生产资料或动植物的栖息地，都不能用其他物质来代替。

土地资源，是指一切对人类具有利用价值的土地。由于人类对土地价值的认识在不断扩大，所以几乎可以将所有的土地都称为土地资源。

土地资源具有土地类型多样、山地面积大、农用土地资源面积小、后备耕地不足等四大特点。中国可利用土地资源人均占有量还不足世界平均值的1/3。在这种条件下，加上中国人口众多，就需要用约占世界总面积9%的耕地，养活约占世界总人口23%的人。

土地制度是传统物权法的基本制度。由于土地是可以带来经济利益的自然要素，所以历史上罗马法将土地所有权确立为排他的使用、收益、处分的权利，日耳曼法则将其规定为管理土地的物的权利。从土地制度的历史发展看，由于土地兼具私益（指以土地为生存利益者）与公益（包括市民法的一般公益与社会法的特殊公益）共存、用益权优于所有权等特征，因此近现代的土地制度也就具有公法和私法的双重性质。

从各国土地制度的现状看，土地的所有权与使用权分离是其最大的特点。

（二）土地管理法关于土地保护的基本规范

为加强土地管理，维护土地的社会主义公有制，保护、开发土地资源，合理利用土地，切实保护耕地，促进社会经济的可持续发展，中国于1986年制定了土地管理法。1998年12月29日、2004年8月28日、2019年8月26日全国人大常委会对土地管理法作了3次修改。

土地管理法是中国土地制度的基本法律。该法从以下六个方面对土地的保护作出了规定

第一，确立"合理利用和切实保护土地"为基本国策。

对土地利用实行"十分珍惜、合理利用土地和切实保护耕地"的原则，并且这项原则被宣示为中国的一项基本国策。

第二，明确土地的所有权与使用权。

实行土地公有制：城市市区的土地属于国家所有。农村和城市郊区的土地，除由法律规定属于国家所有的以外，属于农民集体所有；宅基地和自留地、自留山，属于农民集体所有。也就是说从所有权角度讲，在中国，个人、企业是不能拥有土地所有权的。但是，国有土地和农民集体所有的土地，可以依法确定给单位或者个人使用。

第三，国家对土地实行用途管制制度。

通过编制土地利用总体规划实现土地的规定用途。土地利用总体规划，是指由国家或地方各级人民政府依据国民经济和社会发展规划、国土整治和资源环境保护的要求、土地供给能力以及各项建设对土地的需求而编制的总体利用规划。

编制规划的原则是：落实国土空间开发保护要求，严格土地用途管制；严格保护永久基本农田，严格控制非农业建设占用农用地；提高土地节约集约利用水平；统筹安排城乡生产、生活、生态用地，满足乡村产业和基础设施用地合理需求，促进城乡融合发展；保护和改善生态环境，保

障土地的可持续利用；占用耕地与开发复垦耕地数量平衡、质量相当。

对于下一级土地利用总体规划的编制，应当依据上一级土地利用总体规划进行。为了保护耕地，规定在下一级规划中，对于建设用地总量不得超过上一级规划的控制指标，而耕地保有量则不得低于上一级土地利用总体规划确定的控制指标。

在土地利用总体规划的编制与其他规划的关系方面，土地管理法还规定，城市总体规划、村庄和集镇规划，以及有关江河、湖泊综合治理和开发利用规划等，都应当与土地利用总体规划相衔接并且互相协调。

第四，对土地实行分类制。

法律规定，土地分为农用地、建设用地和未利用地类，对其予以分别用途和管理。其中，农用地是指直接用于农业生产的土地，包括耕地、林地、草地、农田水利用地、养殖水面等；建设用地是指建造建筑物、构筑物的土地，包括城乡住宅和公共设施用地、工矿用地、交通水利事实用地、旅游用地、军事设施用地等；未利用地是指农用地和建设用地以外的土地。

土地管理法规定，国家严格限制农用地转为建设用地，控制建设用地总量，对耕地实行特殊保护。使用土地者必须严格按照土地利用总体规划确定的用途使用土地。

第五，对土地实行一系列的行政管制措施。

土地管理法对土地利用还规定实行建设用地总量控制制度、土地调查制度和土地统计制度，并且规定国家建立全国土地管理信息系统，对土地利用状况进行动态监测。

第六，对耕地实行的特殊保护制度。

要求严格控制将耕地转为非耕地使用；严格执行土地利用总体规划，确保耕地总量不因非利用计划的原因而减少；对于因合理利用而造成耕地总量减少的，由国务院责令在规定的期限内组织开垦与所减少耕地的数量与质量相当的耕地；国家实行永久基本农田保护制度；防止耕地破坏；实行土地复垦制度，改善土地条件，恢复土地的原用途；鼓励土地整理。

此外，土地管理法还在建设用地管理方面规定了土地保护措施。

（三）水土保持法中的土地保护和水土保持规范

1. 水土保持的立法

水土保持是针对水土流失现象提出的。所谓水土流失，是指由于自然或人为原因致使土地表层缺乏植被保护，被雨水冲蚀后导致土层逐渐变薄、变瘠的现象。

依照水土保持法的解释，水土保持，是指对自然因素和人为活动造成水土流失所采取的预防和治理措施。

除自然变化的原因外，水土流失主要是人为原因的毁林开垦、滥垦草原、陡坡丘陵和山坡开荒造成的。其结果将导致土壤减少、土地肥力减退、土地不能涵养水分并与干燥的气候形成恶性循环，从而导致土地的沙漠化。另外，由于水土流失是水流的冲蚀所导致，因此水土流失还会造成河道泥沙淤积、河床升高，并导致泥石流和滑坡等自然破坏现象的出现，这些现象不仅破坏了生态系统，而且对人类正常的生产生活活动也会造成非常重大的影响。

为预防和治理水土流失，保护和合理利用水土资源，减轻水、旱、风、沙灾害，改善生态环境，1991 年制定了水土保持法（2010 年进行了修订），1993 年国务院制定实施了《水土保持法实施条例》（2011 年进行了修订）。除此之外，在环境保护法、土地管理法、水法、森林法、草原法以及《中华人民共和国农业法》中也规定了防治水土流失的规定。

2. 水土保持法的主要内容

水土保持法关于水土保持的规定主要包括以下四个方面：

第一，确立了预防为主、保护优先的基本方针。

国家对水土保持工作实行预防为主、保护优先、全面规划、综合治理、因地制宜、突出重点、科学管理、注重效益的方针。

为实施水土保持的基本方针，法律规定国家实行水土保持规划制度，县级以上人民政府应当将水土保持工作纳入本级国民经济和社会发展规划，对水土保持规划确定的任务，安排专项资金，并组织实施。国家在水土流失重点预防区和重点治理区，实行地方各级人民政府水土保持目标责任制和考核奖惩制度。

根据水土保持法的规定，国务院水行政主管部门主管全国的水土保持工作。

第二，规定了水土保持的规划措施。

内容主要包括：编制水土保持规划的原则；水土流失调查；县级以上人民政府依据水土流失调查结果划定并公告水土流失重点预防区和重点治

理区；水土流失规划的主要内容；水土流失规划的批准和实施等。

第三，规定了水土流失的预防措施。

内容主要包括：地方各级人民政府应当按照水土保持规划，采取封育保护、自然修复等措施，组织单位和个人植树种草，扩大林草覆盖面积，涵养水源，预防和减轻水土流失；禁止在崩塌滑坡危险区和泥石流易发区从事取土、挖砂、采石等可能造成水土流失的活动；水土流失严重、生态脆弱的地区，应当限制或者禁止可能造成水土流失的生产建设活动；禁止在25度以上陡坡地开垦种植农作物；禁止毁林、毁草开垦和采集发菜。禁止在水土流失重点预防区和重点治理区铲草皮、挖树兜或者滥挖虫草、甘草、麻黄等；林木采伐应当采用合理方式，防止水土流失；生产建设项目选址、选线应当避让水土流失重点预防区和重点治理区；无法避让的，应当提高防治标准，优化施工工艺，减少地表扰动和植被损坏范围，有效控制可能造成的水土流失。

第四，规定了水土流失的治理措施。

内容主要包括：国家加强水土流失重点预防区和重点治理区的坡耕地改梯田、淤地坝等水土保持重点工程建设，加大生态修复力度；加强江河源头区、饮用水水源保护区和水源涵养区水土流失的预防和治理工作；开办生产建设项目或者从事其他生产建设活动造成水土流失的，应当进行治理；国家鼓励单位和个人按照水土保持规划参与水土流失治理，并在资金、技术、税收等方面予以扶持；国家鼓励和支持承包治理荒山荒沟、荒丘、荒滩，防治水土流失，并依法保护土地承包合同当事人的合法权益；在水力、风力和重力侵蚀地区以及水源保护区进行水土流失治理；退耕还林、退耕还草等。

三、防沙治沙法

为预防土地沙化，治理沙化土地，维护生态安全，促进经济和社会的可持续发展，于2001年8月制定了防沙治沙法，对土地沙化的预防、沙化土地的治理和开发利用作出了具体规定。

中国是世界上土地沙化危害最严重的国家之一。20世纪50年代以来，由于沙漠化的加剧，中国已经有超过10万平方公里土地沙漠化。在进入21世纪的第一天，北方地区即受到沙尘暴的袭击，接着又发生了两次沙尘暴，给受灾地区的农牧业、工业、运输业以及水电、交通、通信等基础设施造成了严重损失，人员伤亡事件也屡屡发生。土地沙化的蔓延和加剧，对中国经济和社会的可持续发展形成巨大威胁。

土地沙化有广义和狭义之分。广义的土地沙化，是指因气候变化和人类活动所导致的天然沙漠扩张和沙质土壤上植被破坏、沙土裸露的过程。狭义的土地沙化，是指主要因人类不合理活动所导致的天然沙漠扩张和沙质土壤上植被及覆盖物被破坏，形成流沙及沙土裸露的过程。防沙治沙法的土地沙化是狭义意义上的。

防沙治沙法关于防沙治沙的措施包括以下五个方面。

第一，明确了防沙治沙工作的七项基本原则。

即统一规划，因地制宜，分步实施，坚持区域防治与重点防治相结合；预防为主，防治结合，综合治理；保护和恢复植被与合理利用自然资源相结合；遵循生态规律，依靠科技进步；改善生态环境与帮助农牧民脱贫致富相结合；国家支持与地方自力更生相结合，政府组织与社会各界参与相结合，鼓励单位、个人承包防治；保障防沙治沙者的合法权益。

第二，实行防沙治沙规划制度。

防沙治沙规划应当对遏制土地沙化扩展趋势，逐步减少沙化土地的时限、步骤、措施等作出明确规定，并将具体实施方案纳入国民经济和社会发展五年计划和年度计划。法律规定，在规划期内不具备治理条件的以及因保护生态的需要不宜开发利用的连片沙化土地，应当规划为沙化土地封禁保护区，实行封禁保护。国家在沙化土地所在地区，建立政府行政领导防沙治沙任期目标责任考核奖惩制度。

第三，规定了土地沙化的预防措施。

防沙治沙法主要从因地制宜地营造防风固沙林网、林带以及种植多年生灌木和草本植物，禁止在沙化土地上砍挖灌木、药材及其他固沙植物，草原实行以产草量确定载畜量制度，防止因地下水和上游水资源的过度开发利用，退耕还林还草，以及在沙化土地封禁保护区范围内禁止一切破坏植被活动等方面规定了预防措施。

第四，规定了沙化土地的治理措施。

对于沙化土地的治理，分为公益性治沙活动、营利性治沙活动和开发者治理等三类。为此，法律规定了政府组织、单位和个人自愿以及开发者承担义务的治理方式。为保障治理人的合法权益，法律还规定了相应的资金等补偿措施。

第五，明确了防沙治沙的保障措施。

法律规定，对经政府按照规划确定的防沙治沙工程，通过项目预算安排资金；并规定根据防沙治沙的面积和难易程度，给予从事防沙治沙活动的单位和个人资金补助、财政贴息以及税费减免等政策优惠。此外，对于单位和个人投资进行防沙治沙的，在投资阶段免征各种税收；取得一定收益后，可以免征或者减征有关税收；对于使用已经沙化的国有土地从事治沙活动的，经县级以上人民政府依法批准，可以享有不超过 70 年的土地使用权。

因保护生态的特殊要求，将治理后的土地批准划为自然保护区或者沙化土地封禁保护区的，批准机关应当给予治理者合理的经济补偿。

四、森林法

森林是自然界中具有重要经济价值和生态价值的资源和财富，它除了可以为人类提供木材和各种林副产品外，还具有涵养水源、保持水土、防风固沙、调节气候、保障农牧业生产、保存森林生物物种、维持生态平衡等重要的作用。

从森林资源的状况分析，中国是一个少林的国家，森林总量不足、分布不均、功能较低。中国森林资源的主要特点在于：树种和森林类型繁多、林产独特丰富、森林覆盖率低和资源少、森林林种结构不合理以及森林生长率低、生长量小。

1984 年 9 月 20 日第六届全国人大常委会第七次会议通过《中华人民共和国森林法》，1998 年 4 月 29 日、2009 年 8 月 27 日进行了修订。2019 年 12 月 28 日第十三届全国人大常委会第十五次会议再次进行修订，新修订的森林法自 2020 年 7 月 1 日起施行。森林法的主要内容涉及森林权属、经营管理、森林保护、植树造林、森林采伐等方面。

（一）确立林权制度

森林保护是围绕林权为中心展开的。林权是指森林法律关系的主体对森林、林木或者林地的占有、使用、收益和处分的权利。森林法规定，森林资源属于国家所有，由法律规定属于集体所有的除外。国有企业事业单位、机关、团体、部队营造的林木，由营造单位管护并按照国家规定支配林木收益。集体或者个人承包国家所有和集体所有的宜林荒山荒地荒滩营造的林木，归承包的集体或者个人所有（合同另有约定的从其约定）；农村居民在房前屋后、自留地、自留山种植的林木，归个人所有。城镇居民在自有房屋的庭院内种植的林木，归个人所有。法律还规定，森林、林木、林地的所有者和使用者的合法权益受法律保护，任何组织和个人不得侵犯。

对部分森林、林木、林地的使用权可以依法转让，也可以依法作价入股或者作为合资、合作造林、经营林木的出资、合作条件。转让的限制条件之一，就是不得将林地改为非林地。

中国法律对林权保护的其他措施，还包括确认权属、返还非法占有林地或林木排除妨碍、赔偿损失等。

（二）明确林业建设方针

森林法确立的林业建设方针是：国家以培育稳定、健康、优质、高效的森林生态系统为目标，对公益林和商品林实行分类经营管理，突出主导功能，发挥多种功能，实现森林资源永续利用。

（三）对森林实行分类保护

森林法将森林分为防护林（以防护为主要目的的森林、林木和灌木丛，包括水源涵养林，水土保持林，防风固沙林，农田、牧场防护林，护岸林，护路林）、用材林（以生产木材为主要目的的森林和林木，包括以生产竹材为主要目的的竹林）、经济林（以生产果品，食用油料、饮料、调料，工业原料和药材等为主要目的的林木）、能源林（以生产燃料为主要目的的林木）和特种用途林（以国防、环境保护、科学实验等为主要目的的森林和林木，包括国防林、实验林、母树林、环境保护林、风景林，名胜古迹和革命纪念地的林木，自然保护区的森林）等五大类。

对于上述五类森林，按照它们对人类社会、经济和环境需求性质的不同，实行强度不同的分类保护。例如，防护林和特种用途林是以公益为目的确立的，也称公益林，必须严格保护。而其他类林木则属于经济用途的商品林，实行采伐许可制等制度。

（四）对森林实行全方位保护

在对林地经营管理活动的管理方面，森林法除了对林地登记发证、流转等作了规定外，还确定了禁止将林地开垦为耕地并实行退耕还林的措施、禁止毁林开垦和毁林采石、采土以及其他毁林行为的规范。否则将依法承担法律责任。

在对林木的保护管理方面，森林法规定的主要措施包括：设立护林组织，防止森林资源的破坏；公安机关负责维护辖区社会治安秩序，保护辖区内的森林资源；防止森林火灾和病虫害；防止森林资源的破坏；划定自然保护区；保护林区内的野生动物。森林法还规定，由林业部门规定林业植物及其产品的检疫性有害生物，划定疫区和保护区，对林木种苗进行检疫。

（五）组织和鼓励植树造林

植树造林和绿化是增加森林面积、提高森林覆盖率的主要途径，为森林法规定了植树造林和封山育林制度，主要措施包括制定植树造林规划；城市规划区内、铁路公路两侧、江河两侧、湖泊水库周围，由各有关主管部门按照有关规定因地制宜组织开展造林绿化；工矿区、工业园区、机关、学校用地，部队营区以及农场、牧场、渔场经营地区，由各该单位负责造林绿化；对新造幼林地和其他必须封山育林的地方，实行封山育林。

（六）对森林实行保护性开采

在林业管理方面，县级以上人民政府林业主管部门应当根据森林资源保护发展目标，编制林业发展规划。下级林业发展规划依据上级林业发展规划编制。对勘查、开采矿藏和各项建设工程规定了保护森林的措施，包括缴纳森林植被恢复费等。

其他保护性开采措施还包括：对森林实行限额采伐；对集体和个人造林、育林给予经济扶持或者贷款；提倡木材综合利用和节约使用木材，鼓励开发、利用木材代用品；征收育林费，专门用于造林育林。设立林业基金（因家为发展林业而设立的专项资金），主要用于林区采伐地更新和林地空间、荒山荒地造林和育林、护林等的费用支出。

此外，国家建立森林生态效益补偿制度，设立了专门的森林生态效益补偿基金，用于提供生态效益的防护林和特种用途林的森林资源、林木的营造、抚育、保护和管理。

（七）森林采伐实行采伐许可制

森林法在森林采伐措施方面还规定实行采伐许可制度，按照消耗量低于生长量和森林分类经营管理的原则，严格控制森林年采伐量；重点林区的年采伐限额，由国务院林业主管部门编制，报国务院批准后公布实施。

森林法规定，采伐森林和林木必须遵守下列规定：

1. 公益林只能进行抚育、更新和低质低效林改造性质的采伐。但是，因科研或者实验、防治林业有害生物、建设护林防火设施、营造生物防火隔离带、遭受自然灾害等需要采伐的除外。

2. 商品林应当根据不同情况，采取不同采伐方式，严格控制皆伐面积，伐育同步规划实施。

3. 自然保护区的林木，禁止采伐。但是，因防治林业有害生物、森林防火、维护主要保护对象生存环境、遭受自然灾害等特殊情况必须采伐的和实验区的竹林除外。

五、草原法

草原是在温带半干旱气候条件下以旱生多年生草本植物为主形成的植物群落。草原很少有林，具有干旱缺水、寒暑巨变、风大沙多、土壤钙化和盐渍化作用强烈的特点。草原对环境的适应性强、覆盖面积大、更新速度快，具有维持生态系统平衡、保持水土、防风固沙等环境效益和生产饲料、燃料、工业原料等多种经济效能，与牧区人民的生活休戚相关。

中国是一个草原大国，拥有各类天然草地3.9亿公顷，约占国土面积的41.7%，居世界第二位。但是人均占有草地仅0.3公顷，约为世界人均草地面积的1/2。近20年来，由于超强度开发，包括天然草场和长期超载过牧，引起了草地的退化、沙化和荒漠化。

为了加强草原的保护、管理、建设和合理利用，保护和改善生态环境，发展现代畜牧业，促进民族自治地方经济的繁荣，适应社会主义建设和人民生活的需要，1985年6月中国制定了草原法。该法于2002年12月修订，2009年、2013年先后修正。

（一）草原保护措施

草原法所称草原，是指天然草原和人工草地。草原法规定，除由法律规定属于集体所有的草原外，草原属于国家（全民）所有。全民所有的草原，可以固定给集体长期使用。全民所有的草原、集体所有的草原和集体长期固定使用的全民所有的草原，可以由集体或者个人承包从事畜牧业生产。

第一，确定了利用、保护草原的方针。

国家对草原实行科学规划、全面保护、重点建设、合理利用的方针，以促进草原的可持续利用和生态、经济、社会的协调发展。

第二，国家对草原保护、建设、利用实行统一规划制度。

草原保护、建设、利用规划应当包括：草原保护、建设、利用的目标和措施，草原功能分区和各项建设的总体部署，各项专业规划等。

第三，建立调查、监测制度。

国家建立草原调查制度；建立草原统计制度；建立草原生产、生态监测预警系统。由政府草原部门根据草原调查结果、草原的质量，依据草原等级评定标准，对草原进行评等定级。

第四，建立草原建设制度。

在草原建设方面，为稳定和提高草原生产能力，法律规定，国家鼓励与支持人工草地建设、天然草原改良和饲草饲料基地建设。新草品种必须经全国草品种审定委员会审定，由国务院草原部门公告后方可推广。从境外引进草种必须依法进行审批。对退化、沙化、盐碱化、石漠化和水土流失的草原，地方各级人民政府应当按照草原保护、建设、利用规划，划定治理区，组织专项治理。

第五，建立草原利用制度。

在草原利用方面，要求合理利用草原，不得超过草原部门核定的载畜量。草原承包经营者应当采取种植和储备饲草饲料、增加饲草饲料供应量、调剂处理牲畜、优化畜群结构提高出栏率等措施，保持草畜平衡；实行划区轮牧，合理配置畜群，均衡利用草原；在农区、半农半牧区和有条件的牧区实行牲畜圈养；对割草场和野生草种基地应当规定合理的割草期、采种期以及留茬高度和采割强度，实行轮割轮采；进行矿藏开采和工程建设，应当不占或者少占草原。因建设征用或者使用草原的，应当交纳草原植被恢复费。

第六，草原保护措施。

实行基本草原保护制度，对重要放牧场，割草地，用于畜牧业生产的人工草地、退耕还草地以及改良草地、草种基地，对调节气候、涵养水源、保持水土、防风固沙具有特殊作用的草原，作为国家重点保护野生动植物生存环境的草原，草原科研、教学试验基地以及国务院规定应当划为基本草原的其他草原，划为基本草原。对具有代表性的草原类型、珍稀濒危野生动植物分布区和具有重要生态功能和经济科研价值的草原地区建立草原自然保护区，并加强对草原珍稀濒危野生植物和种质资源的保护、管理。对草原实行以草定畜、草畜平衡制度。

第七，禁止开垦草原。

对水土流失严重、有沙化趋势、需要改善生态环境的已垦草原，应当有计划、有步骤地退耕还草；已造成沙化、盐碱化、石漠化的，应当限期治理。对严重退化、沙化、盐碱化、石漠化的草原和生态脆弱区的草原，实行禁牧、休牧制度。禁止在荒漠、半荒漠和严重退化、沙化、盐碱化、石漠化、水土流失的草原以及生态脆弱区的草原上采挖植物和从事破坏草原植被的其他活动。在草原上种植牧草或者饲料作物，应当符合草原保护、建设、利用规划；县级以上地方人民政府草原部门应当加强监督管理，防止草原沙化和水土流失。做好草原防火以及草原鼠害、病虫害和毒害草防治的组织管理工作。

六、水法

广义上的水资源，是指地球上所有的可以被人类利用的水。由于水的范围太广，所以在立法时不可能将所有地球上的水都作为水资源立法的对象。有鉴于此，在关于水资源的立法即水法的规定中，水资源的概念被定义为地表水（主要指江河、湖泊、冰川等）和地下水。而有关海水的开发、利用、保护、管理，则不适用水法的规定。

为合理开发利用和保护水资源，防治水害，充分发挥水资源的综合效应，适应国民经济发展和人民生活的需要，1988 年中国制定颁布了水法。该法于 2002 年、2009 年、2016 年进行了修订及修正。

水法规定，开发、利用、节约、保护水资源和防治水害，应当全面规划、统筹兼顾、标本兼治、综合利用、讲求效益，发挥水资源的多种功能，协调好生活、生产经营和生态环境用水。

水法除了从水质到水量两方面对水资源的开发利用、用水管理、防汛与抗洪等作出规定外，还对水资源的保护管理作出了许多规定。

第一，确立了水资源开发利用的基本原则。

包括：兴利与除害相结合、开发利用与保护管理相结合；生活用水优先；发展农业水利；鼓励多目标梯级开发水能资源；计划用水和节约用水。

第二，对供水实行供求计划制度。

在调蓄径流和分配水量方面，应当兼顾上下游和左右岸用水、航运、竹木流放、渔业和保护生态环境的需要。

第三，实行取水许可制度。

对直接从地下或者江河、湖泊取水的，实行取水许可制度。为家庭生活、畜禽饮用取水和其他少量取水的，不需要申请取水许可。使用供水工程供应的水，应当按照规定向供水单位缴纳水费。

第四，国家保护和鼓励开发水运资源。

要求在通航或者竹木流放的河流上修建永久性拦河闸坝，建设单位必须同时修建过船、过木设施，或者经国务院授权的部门批准采取其他补救措施，并妥善安排施工和蓄水期间的航运和竹木流放。

对于兴建跨流域引水工程的，规定必须进行全面规划和科学论证，统筹兼顾引出和引入流域的用水需求，防止对生态环境的不利影响。

第五，保护水质不被破坏。

在防治水质破坏方面，除了要执行国家水污染防治法中防治水污染的规定外，水法还规定，在容易发生盐碱化和渍害的地区，应当采取措施，控制和降低地下水的水位，保护地下水资源。在鱼、虾、蟹洄游通道修建拦河闸坝，对渔业资源有严重影响的，建设单位应当修建过鱼设施或者采取其他补救措施。

此外，水法还规定，禁止围湖造田。禁止围垦河流，确需围垦的，必须经过科学论证，并经省级以上人民政府批准。

第六，合理利用地下水。

开采地下水，必须在水资源调查评价的基础上，实行统一规划，加强监督管理。在地下水已经超采的地区，应当严格控制开采，并采取措施，保护地下水资源，防止地面沉降。对于开采矿藏或者兴建地下工程，因疏干排水导致地下水水位下降、枯竭或者地面塌陷，对其他单位或者个人的生活和生产造成损失的，采矿单位或者建设单位应当采取补救措施，赔偿损失。

对城市中直接从地下取水的单位，征收水资源费。而对于其他直接从地下或者江河、湖泊取水的，可以由省、自治区、直辖市人民政府决定征收水资源费。

【风险提示】

非农业建设必须节约使用土地，可以利用荒地的，不得占用耕地；可以利用劣地的，不得占用好地。禁止占用耕地建窑、建坟或者擅自在耕地上建房、挖砂、采石、采矿、取土等。禁止占用基本农田发展林果业和挖塘养鱼。

【相关案例】

大连顺达房屋开发有限公司与瓦房店市泡崖乡
人民政府土地租赁合同纠纷案

本案的争议焦点是土地租赁合同的效力。原审判决瓦房店市泡崖乡人民政府（以下简称泡崖乡政府）违反法律规定将涉案林地租赁给大连顺达房屋开发有限公司（以下简称顺达公司）用于军事训练。根据森林法（2009 年版）规定，森林、林木、林地使用权可以依法转让，也可以依法作价入股或者作为合资、合作造林、经营林木的出资、合作条件，但不得将林地改为非林地。泡崖乡政府申请再审称森林法的上述规定属于管理性规定，不属于效力性强制性规定，并不必然导致合同无效。

再审法院认为，正确理解、识别效力性强制性规定与管理性规定，不仅关系民商事合同效力维护，还影响市场交易的安全与稳定。判断某项规定属于效力性强制性规定还是管理性规定的根本在于违反该规定的行为是否严重侵害国家、集体和社会公共利益，是否需要国家权力对当事人意思自治行为予以干预。土地制度是我国的根本制度，保护森林关系国家的根本利益，违反森林法（2009 年版）第 15 条的规定改变林地用途，将会损害国家、集体和社会公共利益。因此，森林法（2009 年版）第 15 条属于效力性强制性规定。泡崖乡政府违反该规定将涉案林地租赁给顺达公司用于军事训练，改变了林地用途，原审判决认定该林地租赁合同无效符合法律规定精神。

【法条指引】

中华人民共和国宪法（节录）

第九条第二款　国家保障自然资源的合理利用，保护珍贵的动物和植物。禁止任何组织或者个人用任何手段侵占或者破坏自然资源。

中华人民共和国土地管理法（节录）

第二条　中华人民共和国实行土地的社会主义公有制，即全民所有制和劳动群众集体所有制。

全民所有，即国家所有土地的所有权由国务院代表国家行使。

任何单位和个人不得侵占、买卖或者以其他形式非法转让土地。土地使用权可以依法转让。

国家为了公共利益的需要，可以依法对土地实行征收或者征用并给予补偿。

国家依法实行国有土地有偿使用制度。但是，国家在法律规定的范围内划拨国有土地使用权的除外。

第三条　十分珍惜、合理利用土地和切实保护耕地是我国的基本国策。各级人民政府应当采取措施，全面规划，严格管理，保护、开发土地资源，制止非法占用土地的行为。

第四条　国家实行土地用途管制制度。

国家编制土地利用总体规划，规定土地用途，将土地分为农用地、建设用地和未利用地。严格限制农用地转为建设用地，控制建设用地总量，对耕地实行特殊保护。

前款所称农用地是指直接用于农业生产的土地，包括耕地、林地、草地、农田水利用地、养殖水面等；建设用地是指建造建筑物、构筑物的土地，包括城乡住宅和公共设施用地、工矿用地、交通水利设施用地、旅游用地、军事设施用地等；未利用地是指农用地和建设用地以外的土地。

使用土地的单位和个人必须严格按照土地利用总体规划确定的用途使用土地。

中华人民共和国防沙治沙法（节录）

第二条 在中华人民共和国境内，从事土地沙化的预防、沙化土地的治理和开发利用活动，必须遵守本法。

土地沙化是指因气候变化和人类活动所导致的天然沙漠扩张和沙质土壤上植被破坏、沙土裸露的过程。

本法所称土地沙化，是指主要因人类不合理活动所导致的天然沙漠扩张和沙质土壤上植被及覆盖物被破坏，形成流沙及沙土裸露的过程。

本法所称沙化土地，包括已经沙化的土地和具有明显沙化趋势的土地。具体范围，由国务院批准的全国防沙治沙规划确定。

第三条 防沙治沙工作应当遵循以下原则：

（一）统一规划，因地制宜，分步实施，坚持区域防治与重点防治相结合；

（二）预防为主，防治结合，综合治理；

（三）保护和恢复植被与合理利用自然资源相结合；

（四）遵循生态规律，依靠科技进步；

（五）改善生态环境与帮助农牧民脱贫致富相结合；

（六）国家支持与地方自力更生相结合，政府组织与社会各界参与相结合，鼓励单位、个人承包防治；

（七）保障防沙治沙者的合法权益。

中华人民共和国森林法（节录）

第三条 保护、培育、利用森林资源应当尊重自然、顺应自然，坚持生态优先、保护优先、保育结合、可持续发展的原则。

第四条 国家实行森林资源保护发展目标责任制和考核评价制度。上级人民政府对下级人民政府完成森林资源保护发展目标和森林防火、重大林业有害生物防治工作的情况进行考核，并公开考核结果。

地方人民政府可以根据本行政区域森林资源保护发展的需要，建立林长制。

第五条 国家采取财政、税收、金融等方面的措施，支持森林资源保护发展。各级人民政府应当保障森林生态保护修复的投入，促进林业发展。

第六条 国家以培育稳定、健康、优质、高效的森林生态系统为目标，对公益林和商品林实行分类经营管理，突出主导功能，发挥多种功能，实现森林资源永续利用。

第七条 国家建立森林生态效益补偿制度，加大公益林保护支持力度，完善重点生态功能区转移支付政策，指导受益地区和森林生态保护地区人民政府通过协商等方式进行生态效益补偿。

中华人民共和国草原法（节录）

第三条 国家对草原实行科学规划、全面保护、重点建设、合理利用的方针，促进草原的可持续利用和生态、经济、社会的协调发展。

第四条 各级人民政府应当加强对草原保护、建设和利用的管理，将草原的保护、建设和利用纳入国民经济和社会发展计划。

各级人民政府应当加强保护、建设和合理利用草原的宣传教育。

中华人民共和国水法（节录）

第二条 在中华人民共和国领域内开发、利用、节约、保护、管理水资源，防治水害，适用本法。

本法所称水资源，包括地表水和地下水。

第三条 水资源属于国家所有。水资源的所有权由国务院代表国家行使。农村集体经济组织的水塘和由农村集体经济组织修建管理的水库中的水，归各该农村集体经济组织使用。

第四条 开发、利用、节约、保护水资源和防治水害，应当全面规划、统筹兼顾、标本兼治、综合利用、讲求效益，发挥水资源的多种功能，协调好生活、生产经营和生态环境用水。